Anne Arnott

Das geheimnisvolle Land
des C. S. Lewis

Eine Biographie

Aus dem Englischen
von Friedemann Lux

W0235725

Buch · Kunst · Verlag

Die Deutsche Bibliothek – CIP-Einheitsaufnahme

Arnott, Anne:
Das geheimnisvolle Land des C. S. Lewis : eine Biographie / Anne Arnott. [Aus
dem Engl. von Friedemann Lux]. - Moers : Brendow, 1998
(Edition C : M ; 230)
Einheitssacht.: The secret country of C. S. Lewis
ISBN 3-87067-722-8

ISBN 3-87067-722-8
© 1998 by Brendow Verlag, D-47443 Moers
Original: First published under the title »The secret country of C. S. Lewis«.
© 1974 by Anne Arnott
Einbandgestaltung: Kortüm + Georg, Agentur für Kommunikation und
Gestaltung, Münster
Titelillustration: Thomas Georg
Satz: Convertex, Aachen
Druck und Bindung: Brendow Druck, Moers
Printed in Germany

Inhalt

*»Für euch liegt die Tür zum Land Aslans
in eurer eigenen Welt.«*

C. S. Lewis, Die Reise auf der Morgenröte

Einstimmung

Vor über vierzig Jahren saß ein Mann zwischen den Bücherwänden seines Arbeitszimmers im Magdalen College in Oxford, wo er Dozent war, und schrieb. Seine Gedanken gingen zurück zu den Tagen, wo er noch ein kleiner Junge war. Vergessen waren seine vielen Studenten, für die er so etwas wie eine Legende geworden war, vergessen auch die Probleme zu Hause und seine wissenschaftliche Arbeit. Sein Federhalter glitt rasch über das Papier, vor sein inneres Auge trat eine Szene nach der anderen aus seiner alten Heimat in Irland, wo er und sein Bruder sich eine wunderbare Phantasiewelt ausgedacht hatten, nur für sich selber.

Er war wieder in dem großen Haus, gegen dessen Fensterscheiben der Regen trommelte. Um die Schornsteine stöhnte der Westwind. Er sah sich selber, wie er einen alten Kerzenstumpf nahm und die Treppen zum Dach hochstieg. Er öffnete eine Tür und betrat die Dachkammer, in der man so weit weg vom übrigen Haus war. In der Kammer öffnete er eine zweite, kleinere Tür. Hinter ihr war ein Wassertank und hinter dem Tank ein dunkler Hohlraum, in den er kletterte.

Er schrieb: »Wie ein langer Tunnel war dieser Gang, mit einer Ziegelmauer auf der einen und dem schrägen Dach auf der anderen Seite. An manchen Stellen fiel zwischen den Dachschindeln ein bißchen Licht herein. Fußboden gab es allerdings keinen in diesem Gang. Man mußte große Schritte von einem Balken zum nächsten machen, denn dazwischen lag nur der rohe Verputz, durch den man sofort ins darunter-liegende Zimmer gebrochen wäre.«

Der Mann war dabei, ein Kinderbuch zu schreiben, *The Magician's Nephew (Das Wunder von Narnia)*, und er baute das Dachversteck aus seiner Kindheit in diese Geschichte ein.

Das Wunder von Narnia erzählt die ersten Abenteuer der Kinder, die das Königreich Narnia entdecken. Insgesamt sieben Bücher über dieses geheimnisvolle Land sollte es geben – Bücher, die nicht nur viele Abenteuer erzählen, sondern, wichtiger noch, viele wunderbare und wahre und schöne Wahrheiten, die alle von dem großen, ewigen Kampf zwischen Gut und Böse handeln. Dies ist es, was diese Bücher so unvergeßlich gemacht hat.

Aus dem kleinen Jungen in dem Dachversteck sollte nicht nur ein brillanter Autor und Erzähler werden, sondern auch ein Verteidiger des christlichen Glaubens, zu dem er sich als über Dreißigjähriger nicht ohne Schwierigkeiten bekehrte.

Er hatte eine seltene Gabe, diesen Glauben dem Mann von der Straße, der nicht immer viel las, zu erklären. Unter seiner Feder wurde der Glaube etwas Lebendiges, Freudiges, nie aber Langweiliges. Man lud ihn zu Vorträgen in Hörsäle und Radiostudios ein, und was er auch sagte oder schrieb, brachte er die Menschen zum Denken. Manchmal machte er sie unruhig, immer aber neugierig, so daß sie oft nicht mehr dieselben waren.

Aber jetzt stellen wir uns hinter ihn und schauen ihm zu, wie er schreibt. Die einzigen Geräusche sind das gemütliche Knistern des Kaminfeuers und das Kratzen der Feder über die Papierblätter. Von draußen kommt das heisere Rufen der Krähen in den Bäumen am Turm des Magdalen College und dann und wann der vielstimmige Schlag der Turmuhren von Oxford. Dunkel und dröhnend verkünden sie die Stun-

den, und wir reisen in die Vergangenheit, wo ein Junge auf-
wächst und seine verborgene Welt betritt. Wir wollen mit-
erleben, wie er zum Mann heranwächst, dessen Geist wie
ein Schwert durch alle Lügengespinste schneidet und uns
die blendende Schönheit wahrer Güte enthüllt.

Kapitel 1

Zwei kleine Jungen

In Irland scheint es nur ein Wetter zu geben: Regen. Der Regen macht die Berge und Wiesen der Insel so grün, daß sie den Spitznamen »die grüne Insel« bekommen hat. Aber der Regen macht auch die Kinder naß, und davor hatten Ende des 19. Jahrhunderts die Eltern viel mehr Angst als heute; man steckte die lieben Kleinen in dicke Regenmäntel oder ließ sie gleich gar nicht hinaus, damit sie sich ja nicht erkälteten. Und so standen zwei kleine Jungen namens Warren und Clive Lewis oft am Fenster ihres Zimmers und schauten hinaus auf die strömenden Bindfäden, die die Wiesen in Sümpfe verwandelten. Viele Jahre später brachten sie dieses Bild zu Papier.

Clive war der jüngere der beiden. Er wurde 1898 geboren, dreieinhalb Jahre nach Warren und zwei Jahre, bevor die englische Königin Victoria starb. Die beiden Brüder wurden bald ein unzertrennliches Paar. Warren war der Beschützer des kleinen Clive, der schon früh eine bemerkenswerte Intelligenz und lebhafte Phantasie zeigte. An den langen Regentagen konnten die beiden stundenlang am Tisch sitzen und schreiben und zeichnen. Gemeinsam schufen sie so, bis ins letzte Detail, eine Phantasiewelt. Durch das Fenster sah man am Horizont die mal sonnige, mal neblige Silhouette der Castlereagh Hills. Die Castlereagh Hills waren für die Jungen das Ende der Welt, und oft fragten sie sich, was wohl hinter ihnen lag. Daraufhin begannen sie, sich ihre eigene Welt zu schaffen und sie mit ihren eigenen Menschen und Ereignissen zu bevölkern. Sie war das Land hinter dem Horizont, das unsichtbare Land. Sie nannten es »Boxen«, und es sollte sie viele Jahre lang begleiten.

Der mehr praktisch veranlagte Warren zeichnete meist Schiffe und Eisenbahnen oder beschrieb Schlachtenszenen; er war wohl damals schon ein Soldat. Clive war der Phantasievollere; er begann mit »angezogenen Tieren«, und sein Teil von Boxen hieß »Tierland«.

Das Elternhaus der beiden lag in einem Vorort von Belfast. Ihr Vater, Albert James Lewis, war Rechtsanwalt. Er war ein stattlicher Mann mit einem buschigen Schnurrbart, wie er damals Mode war, ein sehr begabter Redner, den die Politik faszinierte. Er las sehr viel und war ein begeisterter Geschichtenerzähler – der beste aller Zeiten, wie Clive einmal bemerkte; mit schauspielerischem Talent fühlte er sich in die Figuren der Geschichten ein. Leider war er ein Gefangener seiner rasch wechselnden Stimmungen und hatte nicht immer Verständnis für seine Jungen, obwohl er stets großzügig und gut zu ihnen war.

Die Mutter, Flora Augusta Hamilton, war eine sehr gebildete Frau. Sie kam aus einer Familie von Pastoren, Seeleuten und Rechtsanwälten. Daß sie als Frau am Queen's College in Belfast ihr B.A.-Diplom erwarb, war damals eine kleine Sensation. Ihre Spezialität war die Mathematik, aber sie unterrichtete ihre beiden Jungen auch in Französisch und Latein. Auch sie las viel, vor allem gute Romane. Überhaupt war das Haus eine einzige Bibliothek. In der Garderobe, auf den Treppenabsätzen, in allen Ecken waren Bücher, und die Jungen durften alles lesen, was ihnen vor die Nase kam. Die Bücher waren ihre Eingangstüren in unbekannte Welten, in ein buntes Kaleidoskop schöpferischer Phantasie.

Sie war sehr glücklich, die frühe Kindheit von Warren und Lewis. Ihre Eltern waren sehr liebevoll. Ein frühes

Photo zeigt die Mutter beim Spielen mit den Jungen und zweien ihrer Freunde im Garten. Ihr Gesicht ist von einer ruhigen, intelligenten Fröhlichkeit.

Wie damals in den »besseren« Familien üblich, hatten die Jungen ein Kindermädchen. Sie war eine fröhliche und freundliche Person, die mit beiden Beinen auf der Erde stand. Die Qualität des Kindermädchens war ein kritischer Faktor in der Entwicklung eines Kindes; Lizzie Endicott war eine von denen, die ein Herz aus Gold hatten. Das einfache Landmädchen aus County Down liebte die beiden Jungen, als seien es ihre eigenen, und brachte ihnen viel über Blumen, Feld und Tiere bei. Im Garten konnte man herrlich spielen, und es wurde nie langweilig; immer gab es etwas zu tun. Warren erinnerte sich später, daß er nach der Geburt des kleinen Clive erst ziemlich eifersüchtig war, da die Mutter soviel Aufhebens um den Neuankömmling machte, doch dies gab sich rasch.

Die Tage flossen in einem ruhigen Rhythmus dahin, aber dann und wann gab es unvergeßliche Höhepunkte, zum Beispiel die jährlichen Sommerfahrten an die See. Heute, im Zeitalter der Autos und Flugzeuge, kann sich kein Kind mehr vorstellen, was für eine aufgeregte Vorfreude in dem Wort »verreisen« lag. Das im 19. Jahrhundert anbrechende Eisenbahnzeitalter hatte es vielen Menschen überhaupt erst möglich gemacht, an Orte zu fahren, die sie noch nie zuvor gesehen hatten. In Irland mieteten Familien, die es sich leisten konnten, im Sommer für vielleicht einen Monat ein Haus an der See, denn Seeluft, das stand fest, war gesund. Tagelang wurden riesige Mengen an Gepäck und Hausrat in Kisten und Kasten verpackt. Am Morgen des großen Tages wurde dann das Gepäck auf einem Pferdewagen voraus zum Bahnhof gefahren, während die Familie in einem kleineren Wagen folgte. Dann der Bahnsteig und der Zug mit der fauchenden Lokomotive, der einen in das große, ferne Sommerland brachte.

Auf ihren Vater mußten Warren und Clive in ihren fröhlichen Ferien meist verzichten. Er stieß vielleicht auf ein Wochenende zu ihnen, aber gefallen tat es ihm nie. Er haßte es, seinen gewohnten Tagesablauf ändern zu müssen. Wenn er kam, lief er wie ein Tiger im Käfig am Strand auf und ab, die Hände in den Hosentaschen, von Zeit zu Zeit gelangweilt gähnend auf seine Taschenuhr schauend. Vielleicht haben die Jungen in diesen Sommerwochen zum ersten Mal gemerkt, wie wenig Zugang ihr Vater eigentlich zu ihnen hatte. Es sollte später noch so manches traurige Mißverständnis geben. Aber grundsätzlich sind sie in dem Gedächtnis der Jungen als goldene Ferientage haftengeblieben, diese Sommerfrischen an der See.

In einem dieser Sommer mochte der kleine Clive auf einmal seinen Namen nicht mehr. Er baute sich vor seiner Mutter auf, zeigte mit dem Finger auf sich und verkündete: »Das ist Jacksie.« Worauf er sich von Stund an weigerte, auf einen anderen Namen zu hören. Er wurde schließlich für seine Verwandten und sämtlichen Freunde Jack, und so wollen wir ihn von jetzt ab auch nennen.

Schon sehr früh begann Jack, zu malen und zu zeichnen. Einige der Bilder sind bis heute erhalten. Sie sind voller Bewegung: rennende Figuren, kämpfende Menschen. Wofür er und sein Bruder damals noch keinen Sinn hatten, das war, wie er später sagte, das Schöne. Sein ganzes Leben lang sollte Jack sich an ein an sich belangloses Ereignis erinnern, das ihm wie mit einem Blitzlicht zeigte, daß etwas schön sein konnte. Warren hatte in dem Deckel einer Plätzchendose aus Blech einen kleinen Wald oder Garten geschaffen. Erst hatte er den Deckel mit Moos gepolstert, dann pflanzte er Zweige und Blumen hinein. Jack bestaunte sie wie verzaubert, diese kleine grüne Welt, die so nach frischer Erde roch und in der die Tautropfen wie Diamanten glänzten. Er stellte sich vor, wie er ganz klein wurde und in dem Deckelgarten spazierenging. Es war ein Gefühl wie im Paradies. Später sollte er dieses Gefühl »Freude« nennen.

Der Blick auf die fernen, einsamen Hügel unter dem gewaltigen, leeren Himmel begleitete die Jungen durch ihre ersten Lebensjahre. Unter den Hügeln schlängelten sich weiß und staubig die Landstraßen dahin, und dann und wann hörte man das ferne Rumpeln eines Bauernfuhrwerks, oft von einem Esel gezogen. Oder der rauhe Westwind heulte und seufzte um die vier Ecken des Hauses, und die Jungen dachten: Wohl dem, der die Häuser hohl gemacht hat ...

Beide Kinder hatten ihr Nachtgebet zu sprechen, und sonntags mußten sie mit zur Kirche. Jack fand die Gottesdienste herzlich langweilig, aber übermäßig streng waren die Eltern für damalige Verhältnisse nicht. Wenn man als lieber Junge zur Kirche zu gehen hatte, dann tat man das eben.

Das einzige Häßliche, an das Jack sich aus seinen ersten Lebensjahren erinnerte, waren seine schlimmen Träume, die vielleicht von seiner allzu regen Phantasie kamen. Manchmal träumte er von Geistern, manchmal – und das waren die schlimmsten Träume – von unheimlichen Insekten. Noch als Erwachsener sagte er: »Noch heute würde ich lieber einem Geist begegnen als einer Vogelspinne.«

Es erstaunt denn vielleicht nicht, daß er sich beim Schreiben eines seiner drei tiefsinnigen Science-fiction-Romane an eine der Insektenszenen seines Lebens erinnerte und sie dem Helden seiner Geschichte zumutete: »Einmal, als er in Cambridge an einem offenen Fenster saß und schrieb, hatte er, als er aufblickte, plötzlich einen in allen Farben schillernden, aber abstoßend scheußlichen Käfer gesehen, der langsam über sein Blatt kroch ...« So nachzulesen in *Perelandra*, wo der Held diese irrationale Angst wie in einem inneren Kampf überwindet. Ein ganzes Stück von Jack Lewis' Leben sollte solch ein innerer Kampf werden.

Aber die ersten Kindheitsjahre waren eine Idylle. Der kleine Jack hatte immer jemanden, der ihn tröstete, wenn er Angst hatte. Zu Hause – das war Geborgenheit.

Kapitel 2

Das neue Haus

Als Jack sieben Jahre alt war, zogen seine Eltern in ein neues Haus am Stadtrand von Belfast um, das sie »Little Lea« (»Im Wiesengrund«) nannten. Auf der einen Seite des Hauses lagen Felder und Wiesen, nach vorne ging der Blick über offene Felder zur Bucht von Belfast, hinter der sich die Antrim-Berge erhoben. Hinter dem Haus, im Westen, sah man die Holywood Hills. Oft betrachteten die Jungen die endlosen Kämme, die wie die Falten eines bläulichen Gewandes dalagen, schauten zu, wie die untergehende Sonne die Hügel langsam vergoldete und den Feldern ein überirdisches Prachtkleid anzog. Heiser krächzende Krähen – schwarze Flecken vor dem goldroten Hintergrund – flogen zurück zu ihren Nestern, und von der Bucht kam das wehmütige Tuten der Schiffe, das von romantischen Reisen und fernen Ländern sprach.

Das Haus selber hatte sein ganz eigenes Gepräge. Mr. Lewis, dessen Kanzlei offenbar gutging, hatte es erbauen lassen, damit seine Familie mehr im Grünen wohnen konnte. Es war viel größer als das frühere Haus, aber schlampig gebaut. Wie Jack später sagte: »Meinen Vater konnte man so leicht übers Ohr hauen wie niemanden sonst auf der weiten Welt.« Die Abflußrohre waren schlecht, die Schornsteine ebenso, und überall zog es. Aber für die Kinder war es das perfekte Haus, und sein ganzes Leben lang kehrte Jack in seinen Erinnerungen dahin zurück, sah wieder seine Ecken und Winkel, seine schiere Geräumigkeit, saß wieder am Fenster, gegen das die Sonne ihre Strahlen oder der Wind seinen Regen schleuderte. Viele Jahre später schrieb er über dieses Haus: »Ich bin ein Produkt von langen, schweigenden Korridoren, leeren, sonnendurchfluteten Zimmern, einsam erforschten Dachkammern, fern murmelnden Wassertanks und Leitungen und dem Singen des Windes unter den Dachziegeln.«

Die Schriftstellerei der Jungen wuchs und gedieh in diesem Haus. Boxen und Tierland wurden größer und größer. Die Jungen genossen es, daß sie in einem Dachzimmer endlich ihr ganz eigenes Reich hatten. Damals konnten die Kinder sich meist noch nicht so im Haus ausbreiten wie heute. Sie hatten leise zu sein, und das Wohnzimmer war ohne ausdrückliche Erlaubnis der Eltern verbotenes Territorium. Das neue Dachzimmer war die große Freiheit für Warren und Jack: kein Kindermädchen hier, kein »Habt ihr auch aufgeräumt?« Hier hatten sie ihr eigenes kleines Reich, komplett mit geheimnisvollen Gängen und Tunneln und abgelegenen Verstecken wie dem kleinen Wassertankraum, der für den Anfang von *Das Wunder von Narnia* Pate stand.

Doch bald meldete sich der Ernst des Lebens. Es begann damit, daß Warren auf ein Internat in England geschickt wurde. Für Jack war es keine große Katastrophe, denn sein eigenes Leben ging weiter seinen gewohnten Gang. Er bekam weiter Privatunterricht von seiner Mutter und einer etwas stillen, schüchternen Hauslehrerin, Annie Harper, einer farblosen Figur in seinem Leben, obwohl sie ihn gründlich und kompetent in den Fächern unterrichtete, die seine Mutter nicht beherrschte.

Einsam fühlte er sich eigentlich nicht, denn das Haus war voller Menschen. Da waren seine Eltern, da war sein Großvater väterlicherseits, ein schwerhöriger alter Mann, der Kirchenlieder summend durch das Haus schlurfte, viel Trara um seine Gesundheit machte und sich gerne bedauern ließ, wenn er einem Familienglied nach dem anderen eröffnete, daß er nicht mehr lange auf dieser Erde weilen würde. Da waren die stets beschäftigten Dienstmädchen und der Gärtner mit der alkoholisch roten Nase. Andere Verwandte wohnten in der Nähe und wurden ebenfalls zu lebendigen Figuren in Jacks Leben.

Da war Onkel Gussie, der freundliche Bruder seiner Mutter, der von Mann zu Mann mit den Jungen sprach, als seien sie so erwachsen wie er. Seine kanadische Frau, Tante Annie, war immer fröhlich und gastfrei. Da war Onkel Joe, Mr. Lewis' älterer Bruder, der mit seinen zwei Jungen und drei Mädchen in der Nähe ihres alten Hauses wohnte, ein netter und kluger Mann. Aber alles in allem waren sie doch eine andere Welt, diese Erwachsenen, mit ihren langweiligen Gesprächen über Politik, Gesundheit und das Geschäft.

Wichtiger als seine engeren Verwandten war Jack die faszinierende Familie, die keine Meile entfernt in dem größten Haus wohnte, das er kannte; er nannte es Mountbracken. Lady E. war die erste Cousine seiner Mutter. Ihr Mann, Sir W. E., allgemein Cousin Quartus genannt, war ein liebenswürdiger Mann mit Bart und aristokratischem Gesicht. Auch Lady E. (alias Cousine Mary) war mit ihrem silbernen Haar und ihrem melodischen südirischen Akzent eine schöne Erscheinung.

Aber die drei Töchter schienen Jack die reinsten Göttinnen zu sein; die jüngste nannte er später »die schönste Frau, die ich je gesehen habe«. Die Jungen waren oft in Mountbracken, Jack zu langen Spaziergängen. Das höchste waren die Ausflüge mit dem damals noch neumodischen »Automobil«; es gab auch Picknicks und Theaterbesuche. Es war Ehrensache für die beiden Jungen, daß sie sich stets mustergültig benahmen in Mountbracken.

Jack bewegte sich frei und ungezwungen unter all diesen Erwachsenen. Und doch merkte er, daß Warren ihm fehlte. Zuerst wird es ihn nicht weiter angefochten haben; wie so viele einsame Kinder schuf er sich seine eigene Welt, und die drehte sich um die ständig neuen Geschichten, die er schrieb, und um die Bücher, die er las.

Eines allerdings machte ihm sehr zu schaffen, und das waren seine ungeschickten Hände. Zu seinem väterlichen Erbe gehörte, daß er nur ein Daumengelenk hatte. Immer wieder versuchte er, mit Schere, Pappe und Klebstoff zu hantieren, um Häuser, Schiffe und Dampfmaschinen zu basteln. Es wollte und wollte nicht gelingen, so daß er manchmal vor Frust heulte. Und so verlegte er sich noch mehr auf das, was er exzellent konnte: das Niederschreiben der Abenteuer und Geschichten, die seinen Kopf füllten. Er konnte nicht ahnen, daß er auf der ersten Sprosse einer Leiter stand, die ihn zu schriftstellerischem Ruhm in aller Welt führen sollte.

Schreiben kann eines der größten Seelenvergnügen sein, das ideale Ventil für unterdrückte Gefühle und Spannungen. Es gibt kaum jemanden von auch nur durchschnittlicher Intelligenz, der vom Schreiben nicht profitiert, und für Kinder kann es der Himmel sein, »nur so« Geschichten zu erfinden. Aber man braucht ein ruhiges Plätzchen dafür, wo man ungestört ist. Jack fand es in seinem Dachzimmer, das er bald in »Studierzimmer« umtaufte. An die Wand nagelte er farbige Illustrationen aus den Weihnachtsausgaben verschiedener Zeitschriften. In diesem Schriftstellerstudio bewahrte Jack sein Schreib- und Malzeug auf, hier schrieb und illustrierte er seine Geschichten.

Anfangs handelten die Geschichten vor allem von »Tieren in Kleidern« und »Rittern in Rüstungen«. Richtig interessant wurde es erst, wenn Warren in den Ferien nach Hause kam. Dann mußte Jack in seinen Geschichten natürlich auf seine Ideen Rücksicht nehmen, und die kreisten nun einmal um Eisenbahnen und Dampfschiffe. Was sollte Jack machen mit diesen neumodischen Dingen? Aber bald hatte er einen Plan: Er würde einfach die Geschichte von Tierland schreiben. Damals war Warrens Land, das in allen Geschichten vorkam, Indien. Folglich mußte man Indien und Tierland miteinander verbinden, und zusammen ergaben sie Boxen. Karten wurden gezeichnet, Warren legte Dampferrouten fest, die Landschaft wurde beschrieben und mit zahlreichen Phantasiefiguren bevölkert, die zum Teil halb unbewußte Karikaturen von Freunden und Verwandten waren.

Übrigens: Viele Jahre zuvor hatten in einer anderen hochbegabten Familie die Kinder ebenfalls ihre eigene Welt entworfen: die Brontë-Schwestern, die sich damit die langen Wintertage in dem Pfarrhaus Haworth in Yorkshire vertrieben. Vielleicht haben Sie als Kind etwas Ähnliches gemacht.

Wenn Jack und Warren nicht ihre eigenen Geschichten erfanden, vergruben sie sich in den zahllosen Büchern im Haus. Es gab, wie Jack später schrieb, »Bücher im Arbeitszimmer, Bücher im Wohnzimmer, Bücher in der Garderobe, Bücher in Doppelreihen in dem großen Regal auf dem Treppenabsatz, Bücher im Schlafzimmer, schulterhohe Bücherstapel im Tankraum unter dem Dach, Bücher über alles und jedes, was meine Eltern je interessiert hatte, Bücher, die für Kinder geeignet waren, und solche, die es eindeutig nicht waren«. Kein einziges Buch wurde vor den Jungen weggeschlossen, und sie verschlangen alles, was sie kriegen konnten – Schlüssel zu neuen Welten.

Einige dieser Bücher kennen Sie vielleicht selber. Zum Beispiel die Sherlock-Holmes-Geschichten von Arthur Conan Doyle. Dann die berühmten Kinderbücher von Edith Nesbit: *Die Eisenbahnkinder* ist heute noch bekannt, aber

Jacks Liebling war *Das Amulett,* das den Leser in eine geheimnisvolle Vergangenheit entführt. Auch *Five Children and It* und *Feuervogel und Zauberteppich* mit ihrem Flair des Magisch-Mysteriösen hatten es ihm angetan, ebenso *Gullivers Reisen* von Jonathan Swift. Stundenlang konnte er in alten Ausgaben des Magazins *Punch* stöbern, und selbst als er größer wurde, zog es ihn immer wieder zu den Geschichten von Beatrix Potter hin mit ihren so liebevollen pastellfarbenen Illustrationen, die im Hintergrund die Landschaften von Cumberland, der Heimat von Beatrix Potter, erahnen lassen.

Es waren die Bilder aus Beatrix Potters Eichhörnchengeschichten, die dem kleinen Jack sein zweites Schönheitserlebnis bescherten. Inzwischen schien er halb unbewußt nach dem Schönen zu suchen, und in diesen Herbstwaldminiaturen entdeckte er es wieder. Er schaute und schaute, konnte sich nicht sattsehen; es war das gleiche Gefühl innerer Verzauberung wie damals bei dem Garten in dem Keksdosendeckel.

Kurz danach hatte er ein anderes Erlebnis, das ihm zeigte, daß auch das Lesen bestimmter Worte dieses Gefühl des Schönen hervorrufen konnte. Er öffnete wieder einmal ein unbekanntes Buch. Da saß er in der stillen Dachstube und brütete über Worten, die er nicht verstand. Sie sprachen von einer Welt, die rein gar nichts mit seinem kleinen Leben zu tun hatte, aber sie rissen seine Phantasie mit, und auf einmal sah er vor seinem inneren Auge den gewaltigen Horizont eines bleichen Nordlandhimmels. Die Worte echoten in seinem Kopf, füllten ihn mit einem süßen Schmerz, einer Sehnsucht nach – ja, nach was? Die Worte waren:

»Eine Stimme vernahm ich, die rief:
›Baldur der Schöne ist tot, ist tot!‹«

24

In der skandinavischen Mythologie ist Baldur ein Sohn des Schöpfergottes Odin. Von allen geliebt, stirbt er durch den Verrat Lokis. Jack wußte nichts von all dem, aber die magnetische Kraft dieser Worte weckte in ihm wieder jenes tastende Gefühl, das er später »Freude« nennen sollte – eine undefinierbare Sehnsucht nach etwas Unerreichbarem.

So vergingen Jacks Tage. Er war oft allein in seiner geheimen Welt in der Dachkammer. Seine lebhafte Erinnerung an diese Tage machte es ihm möglich, sie später in seinen Büchern wieder zum Leben zu erwecken. Wie in *Das Wunder von Narnia*, wo der Dachboden mit dem Wassertank einem Mädchen namens Polly gehört:

»Direkt neben der Zisterne hatte sich Polly eine Schmugglerhöhle eingerichtet. Sie hatte ein paar Kistenbretter heraufgeschafft, die Sitze von kaputten Küchenstühlen und ähnlichen Sachen. Das alles hatte sie über die Balken gelegt, sozusagen als Fußboden. Hier bewahrte sie eine Geldkassette auf mit allem möglichen Krimskrams. Auch die Geschichte, an der sie gerade schrieb, bewahrte sie dort auf und gelegentlich ein paar Äpfel. Dort oben hatte sie sich oft in aller Ruhe eine Flasche Ingwerbier zu Gemüte geführt, und jetzt, wo die leeren Flaschen herumstanden, sah die Schmugglerhöhle auch viel echter aus.«

Es war ein glückliches Leben für Jack, und es schien, als würde es noch lange so weitergehen. Aber im Jahre 1908 war es plötzlich vorbei damit. Ein Blitz schlug in die Welt des Jungen ein, und sie sollte nie mehr so sein wie früher.

Kapitel 3

Der große Verlust

Jack war zehn Jahre alt, als die unbeschwerten Tage in dem neuen Haus zu Ende gingen. Es war, als ob das ganze Haus auf einmal anders wurde. Die Nächte waren voller Angst. Man hörte leise, besorgte Stimmen auf den Fluren, gedämpfte Schritte vor dem Zimmer, in dem Jacks Mutter krank und bleich in ihrem Bett lag. Sie hatte Krebs. Man operierte sie – nicht in einem Krankenhaus, sondern, wie damals nicht unüblich, zu Hause, und die Besuche der Ärzte, der unheimliche Geruch der Betäubungs- und Desinfektionsmittel und die angespannten Gesichter aller Hausbewohner versetzten den Jungen in Angst und Schrecken.

Nach der Operation schien es ihr eine Weile besser zu gehen. Oft ging Jack auf Zehenspitzen in ihr Zimmer und betrachtete sie. Bestimmt würde sie wieder gesund werden, ganz bestimmt! Wie bleich und dünn sie aussah. Was konnte er ihr das nächste Mal mitbringen, das ihr guttat? Aber dann ging es ihr rapide schlechter; mal fieberte sie wirr, mal lag sie im Betäubungsschlaf des Morphiums.

Jack betete inbrünstig um ihre Heilung. Sicher würde Gott ein Wunder tun! Dann durften die Jungen nicht mehr zu ihr hinein, konnten nur noch horchen und beobachten und Angst haben. Man sagte ihnen, daß die Mutter nicht mehr gesunden würde. Jack blieb hartnäckig: Das Wunder, um das er Gott gebeten hatte, würde kommen, es mußte kommen!

Dann kam ein Abend, wo er selber krank war. Er wälzte sich unruhig in seinem Bett, hatte Zahn- und Kopfschmerzen. Er rief nach der Mutter, aber sie kam nicht. Dann hörte er Flüsterstimmen, Schritte, Türen. Er bekam furchtbare Angst. Er begann bitterlich zu weinen, rief wieder nach seiner Mutter, aber niemand kam.

Endlich, spät in der Nacht, wie in einem Alptraum, kam sein Vater ins Zimmer. Er weinte. Fassungslos hörte Jack die Nachricht, die nicht wahr sein durfte: Seine Mutter war tot. Er fühlte sich, als ob ein ganzer Kontinent unter seinen Füßen zerbrochen und versunken war. Er war ein Ertrinkender in einer weiten Wasserwüste, der hilflos auf die fernen Inseln starrt, die er erreichen muß, wenn er überleben will.

Er mußte wieder beten, sofort! Jetzt um ein noch größeres Wunder: daß seine Mutter wieder lebendig würde. Eine Zeitlang klammerte er sich an diese Hoffnung. Als sie sich nicht erfüllte, verwelkte sein Kinderglaube. Es war wohl nichts mit Gott ...

Jahre später erinnerte er sich, daß er in jenen furchtbaren Tagen Gott als eine Art Oberzauberer betrachtet, aber sich nie Gedanken gemacht hatte, was für eine ungeheure Macht er da für seine Wünsche dienstbar machen wollte. Er wußte damals noch lange nicht, wer Gott war und was es hieß, ihn zu lieben. Alles, was er wußte, war, daß in dieser einen Nacht das Licht seines Lebens verloschen war und er hilflos im Dunkeln umhertappte.

Der schwarze Schrecken wurde noch tiefer, als Jack, wie es damals Sitte war, zum Bett der Toten geführt wurde, um sich von ihr zu verabschieden. Niemand ahnte, wie furchtbar dieser Augenblick für ihn war; er sollte ihn nie mehr vergessen. Dann das graue Ritual der Beerdigung, der Leichenwagen, der Sarg, die Blumen. Jack wehrte sich erbittert gegen die schwarze Trauerkleidung, die er anziehen mußte. »Das alte Glück, es war nicht mehr«, wie er später schrieb.

Sein Vater konnte ihn nicht trösten; er war selber außer sich vor Trauer, und seine Stimmungen wurden schwankend. Er sollte sich nie mehr ganz erholen von dem Tod seiner Frau. Manchmal konnte er auf einmal richtig ungerecht sein. Die beiden verängstigten Jungen rückten noch enger zusammen und suchten Trost in ihrer Phantasiewelt.

Als Jack viele Jahre später an seinem Schreibtisch in Oxford saß und *Das Wunder von Narnia* schrieb, ließ er diese dunklen Tage wieder lebendig werden in dem Jungen Digory. Am Anfang des Buches treffen wir einen tränenverschmierten Digory, der bei seiner Tante und seinem exzentrischen Onkel lebt, die seine todkranke Mutter pflegen, während sein Vater in Indien ist. Sein leidenschaftlicher Wunsch, eine Medizin für die Mutter zu finden, zieht sich durch das ganze Buch und führt ihn in ein gefährliches Abenteuer, in welchem er seine Ängste und Schwächen überwindet und schließlich unter Einsatz seines Lebens den Apfel des Lebens findet.

In der so einfühlsam geschilderten Szene, in der Digory den Apfel seiner Mutter überreicht, klingt ein Echo von Jacks verzweifeltem Wunsch, seiner eigenen Mutter helfen zu können, an:

»Digory nahm sich eine Minute Zeit, bis er verschnauft hatte, dann ging er leise ins Zimmer seiner Mutter. Und da lag sie, so wie er sie schon oft gesehen hatte, mit Kissen im Rücken und mit einem so dünnen, blassen Gesicht, daß man fast weinen mußte, wenn man sie anschaute.«

Digory holt den Apfel aus seiner Hosentasche und dreht ihn in seiner Hand, und der Apfel wirft leuchtende Lichtflecken an die Decke, daß alles andere im Zimmer auf einmal grau und matt aussieht. Ein wunderbarer Duft strömt von dem Apfel aus; es ist, als ob in dem Zimmer »ein Fenster zum Himmel« aufgeht.

»Oh, ist das herrlich, mein Liebling!«, sagt Digorys Mutter. Er schält den Apfel für sie, und sie ißt die Stücke und fällt in einen tiefen, gesundmachenden Schlaf. Wer diese Szene und was auf sie folgt liest, der kann es nachempfinden: Digorys brennendes Bedürfnis, seiner Mutter zu helfen, und der merkt, wie der Autor hier mit seinem eigenen Herzblut schreibt.

Kapitel 4

Im Gefängnis

Es war ein Abend im September 1908. In den Geschäften und Häusern von Belfast gingen die Lichter an und warfen ihre gelben Halbringe auf die regennassen Bürgersteige. Pferdedroschken und Kutschen rasselten über die kopfstein-gepflasterten Straßen, Fußgänger strebten dem warmen Heim zu. Eine vierrädrige Droschke bog in die graueren Stadtbezirke ab, in Richtung Hafen. In der Droschke saßen ein gepflegt aussehender, düster-feierlich dreinblickender Mann und neben dem Mann zwei Jungen.

Mr. Lewis brachte seine beiden Söhne auf die Nacht-fähre nach England, wo das Internat auf Warren und Jack wartete. Für Warren war die Reise bereits zur Routine ge-worden, für Jack, der kaum elf Jahre alt war und gerade seine Mutter verloren hatte, war sie eine kleine Tortur. Er fühlte sich überhaupt nicht wohl in seiner neuen Schul-kleidung. Noch am Morgen hatte er, England hin, Internat her, fröhlich gespielt und seine bequemen alten Kleider – Blazer, kurze Hose und Kniestrümpfe – getragen. Jetzt hat-te er einen dicken, kratzigen Anzug an, mit Knickerbok-kerhosen, deren Beine unter dem Knie so eng zusammenge-knöpft waren, daß der Knopf sich rot abmalte. Das Hemd hatte, wie sich das für einen feinen Internatsschüler gehörte, einen steifen weißen Umlegekragen, und die neuen, viel zu steifen Stiefel taten seinen Füßen weh. Aber das Schlimmste war der wie ein Folterwerkzeug auf dem Kopf sitzende scheußliche Hut, die »Melone«. Jack kam sich in dieser Uni-form vor wie ein Sträfling.

Endlich bog die Droschke auf den Kai ein, an dem die sanft auf dem Wasser schaukelnde Fähre vertäut war. Das Innere der Droschke, das penetrant nach Leder und Pferd roch, schien eine Zufluchtshöhle dagegen. Jack kletterte auf die eiserne Trittstufe, dann hinunter auf den Kai – der nächste Schritt ins Unbekannte. Vater und Söhne gingen die Laufplanke hinauf auf das Schiff. Jack spürte das Kitzeln der Brise aus der Bucht an seiner Stirn, und zum ersten Mal wollte die Abenteuerlust sich in ihm regen. Aber der Anblick des neben ihnen auf dem Deck auf- und abmarschierenden Vaters, den die Abreise seiner beiden Kinder so offensichtlich drückte, erstickte jede Vorfreude im Keim. Mr. Lewis war wahrlich nicht zu beneiden; innerhalb eines Jahres hatte er nicht nur seine junge Frau verloren, sondern auch seinen alten Vater und einen Bruder. Er hielt es eisern für seine Pflicht, seinen beiden Jungen die bestmögliche Schulbildung angedeihen zu lassen, aber er war ein sehr einsamer Mann. Die Jungen hatten sich seit dem Tod der Mutter aneinandergeklammert und lernten allmählich, ihr eigenes Elend zu überspielen. Die traurige Miene ihres Vaters öffnete die alten Wunden wieder. Vor allem Jack hatte seit dem Tod der Mutter Angst vor jeglichen Gefühlsausbrüchen. Er und Warren waren erleichtert, als ihr Vater sich endlich umdrehte und ging.

Jack schlug vor, einen Erkundungsgang durch das Schiff zu machen. Dies war, bitte sehr, seine erste Fahrt über das Meer – vielleicht würde sie wirklich ein Abenteuer. Warren, der wußte, was am anderen Ufer auf sie wartete, hatte nicht das Herz, ihn aufzuklären. Und so durfte Jack durch das Oberlicht in den Maschinenraum hinunterschauen und den heißen Ölgeruch von dort unten riechen. Die beiden standen erwartungsvoll über die Reling gebeugt, als die melancholische Schiffssirene zum Ablegen tutete. Sie spürten das erste Vibrieren der Schiffsschrauben, hörten das tiefe Pochen der Maschine. Die Lichter des Hafens wurden kleiner, und dann kam jene sachte Rollbewegung unter den Füßen, die der erfahrene Seereisende sofort wiedererkennt und die ihn jedesmal neu in ihren Bann zieht. Langsam fuhr die Fähre in die Bucht hinaus, bis die Hafenlichter nur noch kleine Nadelköpfe in der Dunkelheit waren.

Plötzlich merkte Jack, wie die Luft nach Salz schmeckte. Es war ein unvergeßlicher Augenblick, und fortan wartete er bei jeder Seereise auf ihn. Die Bewegungen des Schiffs wurden ausgeprägter, die Hafenbucht lag hinter ihnen, sie waren auf See! Die Brise wurde immer steifer; es war Jack, als ob sein altes Leben unerbittlich fortrutschte. Ade, Geborgenheit!

Die Jungen gingen in ihre Kojen. Der Seegang wurde stärker, und Warren wurde seekrank. Jack, der das sehr erwachsen fand, versuchte es nachzumachen, aber erst ein paar Stunden später wurde ihm ein wenig schlecht. Sein ganzes Leben lang sollte er »hartnäckig seefest« bleiben, wie er es später nannte.

Früh am Morgen kam grau und flach die Küste von England in Sicht. Gegen sechs Uhr verließen die Jungen das Schiff und bestiegen einen Zug, der Richtung Süden fuhr. Jack, der mit Bergkulissen vor dem Fenster aufgewachsen war, fand die englische Landschaft elend langweilig. Wo waren die gemütlichen kleinen weißen Bauernhäuser, die winzigen von Steinmauern eingefaßten Felder? Überall nur platte Monotonie. Bald konnte man noch nicht einmal mehr das Meer sehen. Dies war kein Land, dies war eine Fremde! Es war ein Gefühl, das Jack noch lange begleiten sollte.

Die Schule, zu der die Jungen fuhren, war eine kleine »preparatory school«, also eine private Vorbereitungsschule auf die Public School. Sie wurde von einem seltsamen Mann geleitet, den die Schüler Oldie nannten. Jahre später beschrieb Jack ihn so: »Ein großer, bärtiger, vollippiger Mann, wie ein assyrischer König auf einem Denkmal, sehr kräftig und ziemlich schmutzig.« Und grausam; sieben Jahre zuvor war er wegen Mißhandlung eines Jungen angezeigt worden. Das Verfahren hatte mit einem Vergleich geendet, aber um das Jahr 1908 war die Zahl der Schüler auf 16 bis 18 geschrumpft, die Hälfte Internatsschüler, die übrigen Externe.

Die Schule stand praktisch kurz vor dem Aus und war so ziemlich die schlechteste, auf die Mr. Lewis mit seinem, wie Warren es später nennen sollte, »unfehlbaren Talent, genau das Falsche zu wählen«, seine mutterlosen Jungen schicken konnte.

Die Ankunft in der Schule – er gab ihr später den Spitznamen Belsen, nach dem berüchtigten nationalsozialistischen KZ – war für Jack der Beginn eines Alptraums. Daß Sport und Spiel vom Unterrichtsplan gestrichen waren, mochte noch angehen, nicht aber die fleißig benutzten Rohrstöcke, die in dem großen Klassenzimmer an dem grünen eisernen Kaminsims hingen – stumme Verkünder des Schicksals, das den Unglücklichen erwartete, der Oldies Fragen nicht beantworten konnte. »Bring mir den Stock, ich brauch ihn«, brüllte Oldie, wenn er sich sein nächstes Opfer aussersah.

Den Unterricht besorgten vor allem Oldies Sohn, den die Schüler »Wee-wee« (»Kleiner«) getauft hatten, und eine ganze Parade unglücklicher junger Hilfslehrer, von denen es keiner lange aushielt. Einer ging schon nach einer Woche wieder; bei einem anderen geriet Oldie so außer sich, daß er brüllte: »Wenn du kein Pastor wärst, würd ich dich die Treppe runterschmeißen!«

Bei den Mahlzeiten aßen Oldie und Wee-wee an einem separaten Tisch, bekamen das beste Essen und tranken Bier. Oldies Frau und die drei Töchter saßen schweigend neben ihnen und bekamen schlechteres Essen. Die einzigen Sätze, die man je von den Töchtern hörte, waren »Ja, Papa« und »Nein, Papa«. Der Unterricht war völlig unzureichend, bis auf das Fach Geometrie, das Oldie gut, aber mit seiner üblichen Grausamkeit gab.

Jack ging es nicht so schlimm wie den Hauptopfern von Oldie, die er unbarmherzig schlug. Sie waren mehr oder weniger die Jungen, die auf der sozialen Stufenleiter relativ weit unten standen. Jack schaute mit wortlos-fasziniertem Entsetzen zu; sein Gehirn war wie eine Tontafel, in die sich die grausamen Bilder unvergeßlich eingruben.

In der Erinnerung des Erwachsenen durchlebte er sie wieder, diese Szenen. Wieder saß er in dem trostlosen Klassenzimmer und sah »den armen P., den lieben, ehrlichen, fleißigen, freundlichen, so gesund frommen P.« vor sich, wie er ohne erkennbaren Grund ein um das andere Mal von Oldie verdroschen wurde. Und er schilderte den scheußlichen Augenblick, wenn »gegen Ende der Folter ein Geräusch kam, das nicht mehr menschenähnlich war. Dieses keuchende Krächzen, dieser geröchelte Schrei und die grauen Gesichter der anderen und ihre Totenstille – es gehört zu den Erinnerungen, auf die ich gerne verzichten würde.«

Es war offensichtlich, daß Mr. Lewis keine Ahnung von diesen Zuständen hatte. Früher hatten etliche Oldie-Schüler Stipendien für die Public School gewonnen. Aber wahrscheinlich war Oldie mittlerweile dem Wahnsinn nahe.

In den Nächten gingen Jacks Gedanken, jetzt endlich befreit von Zahlen, Geschichtsdaten, Namen und Schlachten, auf Wanderschaft. Er lag in dem großen Schlafsaal, starrte durch die gardinenlosen hohen Fenster zu dem Nachthimmel hoch und fühlte sich wie ein Gefangener hinter Gittern. Die Tage und Monate gingen dahin, und er erlebte extreme Wetterverhältnisse, wie er sie von der milderen Grünen Insel nicht kannte: schwere Gewitter, dichte Nebelsuppen, bitterkalte Wintertage mit Schnee und Eis. Immer wieder schaute er in die Nacht hinaus, gefesselt von »der schrecklichen Schönheit des vollen Mondes«. Das nächtliche Himmelsgewölbe war voller Geheimnisse für ihn. Die kalte Milch des Mondes schien die schwarzen Baumskelette und das Geschachtele der Häuser in eine andere, verwunschene Welt zu verwandeln.

In seinem stillen Arbeitszimmer in Oxford, in dem wir ihn zu Beginn dieses Buches angetroffen haben, hat er sich an diese Tage und Nächte zurückerinnert. Immer wieder finden wir sie in seinen Geschichten, jene Faszination der Nacht mit ihrem alles verzaubernden Mondlicht. Viele der Abenteuer in seinen Büchern finden in solchen Mondnächten statt. Manchmal ist der Mond voll, dann wieder halb hinter Wolken versteckt. Und in den Kindern, über die er schreibt, steckt immer wieder der kleine Jack. Alle mögen sie die Schule nicht und erleben geheimnisvolle nächtliche Abenteuer. *The Silver Chair (Der silberne Sessel)* beginnt mit dem scheußlichen Internatsalltag des Mädchens Jill Pole. Durch eine Tür in einer Mauer landet sie zusammen mit ihrem Mitschüler Eustachius Knilch mitten in Narnia, wo der große Löwe Aslan den beiden aufträgt, den verschollenen Prinzen Rilian zu suchen. Auf dem Rücken einer großen Eule müssen sie durch die Nacht fliegen, was in dieser Geschichte ganz natürlich erscheint:

»Sobald die Lampe gelöscht war, sah die Nacht draußen vor dem Fenster weniger dunkel aus – sie war nun nicht mehr schwarz, sondern grau. Die Eule stand mit dem Rükken zum Zimmer gewandt auf der Fensterbank und hob die

Flügel. Jill mußte auf ihren kurzen, dicken Körper klettern, ihre Knie unter die Flügel stecken und sich gut festklammern. Die Federn fühlten sich wunderbar warm und weich an, aber es gab nichts, woran man sich festhalten konnte. ... Es war viel heller, als sie gedacht hatte, und obwohl der Himmel bewölkt war, sah man an einem silbernen Fleck, wo sich der Mond hinter den Wolken versteckte. Die Felder unter ihr waren grau, die Bäume schwarz. Der Wind wehte – ein sanft rauschender Wind, ein Anzeichen von nahendem Regen.«

Wenn Sie das nächste Mal die Narnia-Geschichten lesen, dann denken Sie vielleicht einmal an den Internatsjungen Jack Lewis, wie er durch das Fenster in die Nacht hinausstarrte und sich das graue Wechselspiel ihrer Farben einprägte – so gut, daß er es Jahre später vor seinem inneren Auge wieder zum Leben erwecken und zu Papier bringen konnte. Er verstand es überhaupt gut, die Schönheit der Natur, die ihm sein Leben lang so nahe war, in lebendige Bilder und Panoramen zu übersetzen, die so recht den richtigen Rahmen für seine Geschichten abgaben.

Die Trimester in Oldies Schule zogen sich grausam lange dahin. Der letzte Tag schien nie kommen zu wollen. Aber wenn er dann da war, fühlte Jack sich wie im Himmel. Er vergaß dann die Prügel, die seine Freunde erdulden mußten (er selber kam offenbar relativ glimpflich davon), er vergaß all das Elend und das Gefühl, in einem Gefängnis eingesperrt zu sein, und gab sich ganz der Vorfreude auf die lange Zug- und Schiffsreise nach Hause hin, zurück in die Freiheit.

Und doch betrachtete er sie nicht ganz als verlorene Zeit, die Tage in »Belsen«. So wie die namenlose Trauer nach dem Tod der Mutter ihn seinem Bruder noch näher gebracht hatte, so hielt er sich nun zu den paar anderen Jungen, die ihm als Kameraden blieben, nachdem Warren auf eine große Public School übergewechselt war. An freien Nachmittagen schlenderten die Oldie-Schüler den Kanal entlang, kauften sich Süßigkeiten in den kleinen Dorfläden oder saßen auf der Grasböschung über der Eisenbahn und schauten zu, wie das dunkle Tunnelloch seine Züge ausspuckte. Er lernte es, einer Gruppe von Freunden anzugehören, die den gleichen Kampf kämpften und daher einander um so näher waren.

Und was vielleicht noch wichtiger war, auch wenn er es damals noch nicht wissen konnte: Jack begann, wieder an Gott zu glauben. Die Pfarrkirche, in die die Jungen sonntags mußten, gab ihm ein Stückchen Trost in seinem Elend. Sonntag um Sonntag lauschte er aufmerksam den Predigten; zum ersten Mal in seinem Leben brachten ihm Menschen, die es ernst mit ihrem Glauben meinten, die christliche Lehre auf eine überzeugende Weise nahe. Bald packte ihn der Anblick des nächtlichen Himmels noch mehr und aus einem neuen Grund. Er begann an die Hölle zu glauben, und nachts, vor allem »in gewissen monddurchfluteten Nächten in jenem vorhanglosen Schlafsaal«, peinigten ihn kindliche Ängste um seine Seele.

Wie von selber begann er seine Bibel zu lesen und inbrünstig zu beten. Mit einigen der Mitschüler begann er ganz offene Gespräche über die Religion. Ständig fragte er, bohrte tiefer als die meisten anderen. Er würde nicht loslassen, bis er die richtigen Antworten gefunden hatte.

Er wußte noch nicht, wie mühselig die Reise in die Erleuchtung noch sein würde.

Kapitel 5

Zwischenspiel

Es kam der unvermeidliche Tag, wo Oldies Schule geschlossen wurde und Mr. Lewis sich nach einer anderen
Schule für Jack umsehen mußte. Diesmal wollte er den Jungen, der unter Oldies Regiment so unglücklich gewesen
war, nicht mehr so weit von zu Hause fortschicken. Er ent-
schied sich schließlich, nachdem er viele Schulprospekte
durchgeblättert und diverse gelehrte Freunde konsultiert
hatte, für das Campbell College in Belfast. Er wollte das Al-
lerbeste für seine Jungen, und die erste Schule war ein kata-
strophaler Fehler gewesen. Für Jack das Richtige zu finden,
war ohnehin nicht ganz leicht, so hochintelligent, nervös,
phantasiebegabt und sensibel war dieser Knabe, dem auf
Schritt und Tritt die Mutter fehlte. Wie so vielen anderen
»gebildeten« Vätern seiner Zeit war es Mr. Lewis ein An-
liegen, daß seine Söhne echte »Gentlemen« wurden – Menschen, die höflich und kultiviert waren und mit einer gewissen natürlichen Würde ihren Mann in der Welt stehen
konnten. Aber ob dazu die »richtige« Schule ausreichte,
wenn es sie denn überhaupt gab? Campbell College sollte
die nächste Enttäuschung werden.

Aber Jack war überglücklich. In der neuen Schule würde
er einen seiner Vettern antreffen, einen Sohn von Onkel Joe,
und jeden Sonntag nach Hause dürfen. Und ganz bestimmt
konnte keine Schule in Irland so schlimm sein wie eine in
England ...

Jack war zwölf, als er auf das Campbell College ging. Allein die Größe der Schule muß ihn erschlagen haben. Kein

beschauliches Lernen im eigenen Zimmer, dafür ein ständiges, geräuschvolles Kommen und Gehen von und zu dem riesigen Schulaufgabenraum, wo die Jungen abends arbeiteten, lange, kahle Flure, eine hallende Mensa und überfüllte Waschräume – war dies eine Schule oder ein Hauptbahnhof? Immer wieder gab es Zweikämpfe, komplett mit Sekundanten und wettenden, Anfeuerungsrufe brüllenden Zuschauern.

Kleine Banden streiften durch die Flure, auf der Suche nach dem nächsten Opfer. Jack wurde von ihnen nicht weiter behelligt, bis auf eine denkwürdige Ausnahme, als er zusammen mit mehreren anderen kleineren Jungen durch einen Seitengang und in einen dunklen, niedrigen Raum gestoßen wurde. An einer Wand liefen vielleicht einen Meter über dem Fußboden Rohre entlang. In dem Schummerlicht sah Jack, wie einer seiner Leidensgenossen sich unter die Rohre bücken mußte. Zwei von der Bande gaben ihm einen Schubs, und weg war er! Der Nächste kam an die Reihe, dann Jack. Er spürte, wie er fiel – und auf einem großen Kohlenhaufen landete. Das Loch in der Wand war in dem Halbdunkel nicht zu sehen gewesen. Nach und nach füllte sich der Kohlenkeller mit einem ganzen Trupp von Jungen. Es war dunkel und kalt hier unten, und die Tür war natürlich verschlossen. Nach einer kleinen Ewigkeit ließen die Häscher ihre Gefangenen wieder frei, schmutzig, aber ansonsten wohlbehalten.

Es war also nichts für Zartbesaitete, das Campbell College, aber der Unterricht war zum Teil hervorragend. Ein brillanter Lehrer, den Jack Octie nannte, führte ihn in die Welt der englischen Literatur ein und öffnete ihm die Augen für die Schönheiten der englischen Dichtung. Jack entdeckte, wie Sprache ihn zutiefst packen konnte. Bestimmte Wörter hatten die Macht, richtige Wandgemälde in seiner Seele zu malen. Ein Schlüsselerlebnis war ihm das epische Gedicht *Sohrab and Rustum* von Matthew Arnold, das die Geschichte des großen persischen Kriegers und Helden Rustum erzählt, der unwissentlich seinen eigenen Sohn tötet. Der wie aus fernen Welten aus dem Fluß Oxus aufwabernde Nebel, der das Gedicht eröffnet, die exotischen persischen Szenen, die Händler aus Kabul, die ungeheuren Wüsteneinöden – Jack konnte sich nicht losreißen davon. Er fühlte sich wie jemand, der durch die Augen eines anderen die Szenerie eines fernen Landes erlebt, und wieder verspürte er jenes Kindheitsgefühl der Sehnsucht nach etwas, das man nicht erreichen kann und dem man doch nachjagt. Es war diese unerklärliche, die Seele mit einer wehmütigen Heiterkeit erfüllende Sehnsucht, die er später »Freude« nennen sollte. Es war das gleiche Gefühl wie damals bei dem Miniaturgarten in dem Dosendeckel oder den Herbstpastellbildern von Beatrix Potter. Einmal erlebte er es auch, als er einen blühenden Johannisbeerstrauch betrachtete.

Es gibt in der Tat Menschen, denen sich solche plötzlichen Fenster zum Schönen auftun. Sie kommen oft ganz unerwartet, und hinterher sagt man: »Dieses Erlebnis, diese Szene – da hat es mich gepackt. Es war ein goldener Augenblick, ein Herrlichkeitsschein, der aufleuchtet und wieder verblaßt.« Aber egal wie sie auch kommen, diese Augenblicke, man möchte sie immer wieder erleben.

Jack lebte so sehr in seinen Büchern und war so voll von seinen eigenen Gedanken und Bildern, daß er wenig Geduld mit Menschen hatte, die keinen Zugang zu diesen Dingen hatten. Zu dieser Zeit hatten er und sein Bruder zu Hause keine gleichaltrigen Freunde, ja gingen anderen Menschen sogar aus dem Weg – besonders einem Jungen namens Arthur, der Anschluß bei ihnen suchte. Jacks Leben zu Hause war so ausgefüllt, vor allem in den Ferien, wenn

Warren da war, mit dem man stundenlang wandern und rad-fahren oder lesen und schreiben konnte, daß die beiden Jungen die wohlgemeinten Einladungen von Nachbarn und Freunden nicht ausstehen konnten. Für Jack war es jedesmal eine Tortur, seine Sonntagskleider anziehen und sich mit Menschen, mit denen er nichts gemeinsam hatte, über allerlei Nichtigkeiten unterhalten zu müssen. Er kam sich bald wie ein Außenseiter vor. Das Schönste an diesen Tanz- und Langeweileabenden war, wenn man endlich wieder in die Droschke steigen und müde zurück nach Hause fahren konnte. Was für eine Zeitverschwendung! Daß er sich unbeholfen vorkam, mag dieses Gefühl noch verstärkt haben.

Es war eine schmerzliche Entdeckung für Jack, daß die anderen sich über seine so erwachsene, belesene Art – die ihm das Natürlichste der Welt war – lustig machten. Er zog sich konsequent hinter einen Schutzschild zurück, der darin bestand, daß er »in Gesellschaft« nie über Dinge redete, die ihn wirklich interessierten. Wie er später schrieb: »Ich legte mir eine Art Schnattermaske zu, eine Imitation des seichten Erwachsenengeschwätzes, die das, was ich wirklich dachte, gekonnt versteckte ...«

Jack lernte einiges über das Leben am Campbell College. An dieser Schule, wie an so vielen anderen, hing der Platz des einzelnen Schülers in der allgemeinen Hackordnung davon ab, »was seine Fäuste und sein Mutterwitz wert waren«. Und Jack lernte seine Lektion. Die eigentliche schulische Arbeit machte ihm sogar Spaß. Aber mitten im Schuljahr erkrankte er und wurde schließlich zur Genesung nach Hause geschickt. Es folgte eine der ganz wenigen Lebensphasen, in denen sein Verhältnis zu seinem Vater glücklich zu nennen war. Allein in dem großen Haus, wurden die beiden gute Freunde. Es scheint, daß Mr. Lewis verständnisvoll auf Jacks heftige nächtliche Angstattacken reagierte, die fast mit

Sicherheit aus der Trauer über den Tod der Mutter herrührten sowie aus der Angst vor den Strafpredigten des Vaters. Zum Schlagen zu menschenfreundlich, verlegte Mr. Lewis sich fast unbewußt, wie Jack später sagte, auf diese andere Erziehungswaffe. Wenn er wütend war, »zog er alle Register seines gewaltigen Wortschatzes«. Wenn die Jungen sich nicht besserten, dann würden sie noch alle ruiniert werden und auf der Straße um Brot betteln müssen ...

Es war natürlich ein Ablaßventil für die Nerven, aber Jack glaubte jedes Wort. Nachts aufzuwachen und Warrens Atem nicht zu hören, konnte ihm die schrecklichsten Ängste einjagen: Sicher waren Bruder und Vater heimlich aufgestanden und nach Amerika gefahren und hatten ihn allein zurückgelassen. Seine reiche Phantasie trieb die wildesten Blüten, aber tief unten lag die Urangst, wieder »verlassen« zu werden, wie damals von der Mutter, als er sie so gebraucht hatte.

Aber als er jetzt krank von der Schule nach Hause kam, war sein Vater ausnahmsweise verständnisvoll. Er ließ Jacks Bett in sein eigenes Zimmer stellen, und da Warren nicht zwischen sie kommen konnte, gab es keine Reibereien.

Jack genoß diese Zeit enorm: »Ich kann mich an keine andere Phase meines Lebens erinnern, die so ungetrübt harmonisch war«, schrieb er später. »Wir waren die dicksten Freunde.«

Tagsüber, wenn sein Vater in der Kanzlei und nur die Dienstmädchen im Haus waren, genoß Jack die Stille im Haus, die solch ein Balsam war nach dem lauten Gewimmel im Campbell College. Der Zwölfjährige begann wieder Märchen zu lesen – die alten Geschichten, die ihn schon früher gefesselt hatten. Die »kleinen Leute«, besonders die Zwerge, zogen ihn in ihren Bann. Er stellte sie sich so plastisch vor, daß er, als er einmal im Garten spazierenging, sich plötzlich einbildete, einen zu sehen, wie er in die Büsche huschte. Es machte ihm keine Angst.

Jahre später schrieb er diese Worte über seine Vorliebe für »das Märchenland«:

»Als ich zehn war, las ich heimlich Märchen. Ich hätte mich geschämt, hätte mich jemand dabei erwischt. Heute, wo ich fünfzig bin, lese ich sie ganz offen. Als ich ein Mann wurde, tat ich ab, was kindlich war – einschließlich der Angst vor dem Kindlichsein und des Wunsches, nur ja recht erwachsen zu sein.«

Und so endete das Jahr 1910 recht glücklich für Jack. Der Januar 1911 sollte eine neue Veränderung in seinem Leben bringen.

Kapitel 6

Dunkle Zeiten

»Es waren einmal vier Kinder, die hießen Peter, Suse, Edmund und Lucy. Wieder einmal saßen die vier Kinder auf einer Bahnhofsbank zwischen Koffern, Spiel- und Sportgeräten. Die Ferien waren zu Ende, und sie mußten in die Schule zurückkehren, in der sie während der Schulzeit auch lebten. Der erste gemeinsame Teil ihrer Reise schien immer noch zu den Ferien zu gehören. Nun aber, da sich ihre Wege trennten, merkten alle vier: Jetzt sind die Ferien wirklich vorbei. Sie waren mit ihren Gedanken schon halb in der Schule und daher ziemlich trübsinnig.«

Wenn man diese Sätze liest, mit denen *Prince Caspian (Prinz Kaspian von Narnia)* beginnt, hört man förmlich Jack heraus, wie er sein eigenes Elend beschreibt, als die Ferien vorbei waren und sein Bruder und er auf verschiedene Schulen mußten.

Jacks glückliche Wochen zu Hause waren nur zu bald zu Ende. Mr. Lewis, der mit Hochdruck eine andere Schule für ihn suchte, hatte endlich von einer guten Preparatory School in dem zwischen Birmingham und Bristol gelegenen Malvern gehört, ganz in der Nähe der Schule, auf der Warren inzwischen war. Warren war fröhlich und guter Dinge als Schüler einer richtigen Public School. Bei Jack war das anders. Er war höchst ungern so weit fort von zu Hause. Er wußte nur zu gut, daß er im Schulsport auf keinen grünen Zweig kam. Gleichzeitig hochintelligent, war er so etwas wie ein Individualist und damit ein Fremdkörper in dem starren Korsett einer englischen Public School.

Er war dreizehn, als er im Januar 1911 wieder mit Warren nach England fuhr, in das Internat in Malvern. Trotz seines Herzklopfens fühlte er sich jetzt doch erwachsener. Warren behandelte ihn, als sei er ein Mann von Welt, der jeden Tag verreiste. Als sie von Liverpool mit dem Zug nach Süden fuhren, sah Jack durch das Fenster eine ganz andere Landschaft als bei seinen ersten Englandbesuchen. Der Zug fuhr an sanften Hügelketten und sattgrünen Weiden vorbei, und aus der Ferne grüßte der Scherenschnitt der walisischen Berge. Es war fast wie in Irland. In Malvern angekommen, fuhren sie mit einer Droschke nach Chartres, wie Jack seine neue Schule in seinen Büchern nennen sollte; in Wirklichkeit hieß sie Cherbourg School. Die Schule war ein freundlich aussehendes weißes Gebäude auf dem Hügel über dem »College«, auf das Warren ging, und die Aussicht, die Jack von hier oben aus genoß, war Balsam für seine Seele: Wiesen und Weiden, die sich in einer großen Ebene verloren, und hinter der Stadt, wie beschützende Arme, die grünen Kuppen der Malvern Hills. Ja, hier konnte man leben, auch wenn es schwer war, sich wieder von Warren trennen zu müssen – »seinem« Warren, den er so brauchte. Chartres – das war eine andere Welt als Oldies Schule.

Jack lebte sich rasch ein. Essen und Unterricht waren gut, und bald hatte er die ersten Freunde unter den etwa zwanzig Internatsschülern. Der Rektor entdeckte in ihm einen hervorragenden Lateiner und Englischschüler, und bald hieß es, daß er, wenn er sich weiter so machte, auf ein Stipendium für das Malvern College, Warrens Public School, hoffen könne.

In Chartres nahm Jacks Entwicklung ganz unerwartete Wendungen. Eine war, daß er seinen christlichen Glauben aufgab. Schuld daran war ausgerechnet Miss C., die Hausmutter, die Jack willig die Mutter, nach der er sich so sehnte, ersetzte. Mit ihrer freundlich-fröhlichen Art hatte sie einen Stein im Brett bei den Jungen. Sie lachte mit ihnen, tröstete sie, wenn sie krank waren, und behandelte sie nie von oben herab, sondern als denkende, intelligente Menschen, mit denen sie gerne auch über ihre Religion sprach.

Miss C. war eine Sucherin, die sich aufrichtig nach einem festen Glauben sehnte und dabei stark auf der spiritistischen und okkulten Welle ritt. Jack faszinierte das. Es war fast so, als ob man verbotene Früchte aß. Fort mit den elenden Mondnächten in dem Schlafsaal in Oldies Gefängnis, wo er sich auf den Knien abgequält hatte, nie ganz sicher, ob seine Gebete auch so aufrichtig und stark waren, daß Gott sie erhören würde! Hier war etwas Besseres: eine weite, unsichtbare Geisterwelt, die die wirkliche Welt von allen Seiten umgab. Jack war immer schon merkwürdig gepackt gewesen von Geschichten über andere Welten und Lebensformen, aber so richtig geglaubt hatte er sie nicht. Jetzt wollte er mehr über die Geisterwelt erfahren. Sein bißchen Wissen über das Christentum begann in den Hintergrund zu rutschen; neben diesen neuen Offenbarungen sah es auf einmal grau und mickrig aus. Langsam, aber sicher ließ seine Angst um sein Seelenheil nach – und mit ihr sein christlicher Glaube, den er, ehrlich gesagt, nie so recht genossen hatte. Er war ihm zuletzt nur noch eine Last gewesen. Halb verrückt gemacht hatte er sich mit seinen angestrengten Versuchen, Gott mit den »richtigen« Gebeten die Tür einzurennen; rastlose Verzweiflung statt innerem Frieden hatte er bekommen.

Etwa um diese Zeit fiel Jack auch in einen allgemeinen Weltpessimismus hinein. War das Universum nicht im Grunde ein kalter, feindseliger Ort, wo man sich pausenlos abrakkern mußte? Die überzogenen Unglücksprophezeiungen seines Vaters färbten auf ihn ab. Einmal sagte Jack zu einem seiner engsten Freunde in Chartres, daß das Leben nur aus Schule, Ferien, Schule, Ferien bestand, »und danach Arbeit, Arbeit, Arbeit, bis wir tot sind«. Dazu kam noch das Elend mit seinen ungeschickten Händen. Und da er ein gutes, sanftes Herz hatte, verlor er langsam, aber sicher auch den Glauben an seine Mitmenschen, die doch so häßlich zueinander sein konnten. Er verspürte eine bittere Wut, »die mörderischsten Gedanken, die ich je gehabt hatte«, als er einem Bettler vor dem Schultor etwas geben wollte und ein Lehrer ihm dies untersagte. Er sah immer mehr dunkle Flecken in den Herzen der anderen. Die folgenden Worte von Lukrez, die er im Lateinunterricht lernte, hätten auch von ihm stammen können:

»Käm' unsre Welt wirklich aus Gottes Hand,
sie wäre nicht so elend, krank und schlimm.«

Und so warf er nach und nach seinen ganzen Christenglauben über Bord und fühlte sich sehr erleichtert. Die arme Miss C. hatte, wenn auch unbewußt, kräftig dabei mitgeholfen. Aber sie hatte ihm die Mutter ersetzt, ihm Verständnis und Liebe geschenkt, ja ihm seine tiefsitzende Angst vor Gefühlsäußerungen genommen, die ihm seit dem Tod der Mutter so unheimlich gewesen waren. Es war ein schwerer Schlag und ein neues Loch in seinem Leben, als sie die Schule verließ.

Einige der Lehrer machten einen tiefen Eindruck auf ihn. Einer, den er besonders mochte, war voll Energie und guter Laune, ein Mann, bei dem das Leben mal ein Abenteuer, mal ein Scherz war. Die Jungen himmelten ihn an, und es war eine herbe Enttäuschung, als er zur gleichen Zeit wie Miss C. ging.

Nach ihm kam ein Lehrer, den die Jungen Pogo nannten. Pogo war ein smarter, dandyhafter Typ, der den Jungen beibrachte, sich schick zu kleiden und sich wie Männer von Welt zu fühlen. Er war faszinierend, wenn auch launisch. »Ich fand es auf einmal toll, ein Stutzer, Ekel und Snob zu werden«, schrieb Jack später.

Dies waren die Tage, in denen er, wie er in seiner Autobiographie berichtet, seinen Glauben, seine Tugend und seine Einfalt verlor. Er machte seine ersten sexuellen Erfahrungen, was er später teils auf sein Alter schob, teils darauf, daß er sich Gottes schützenden Armen entwunden hatte. Danach hatte er seinen ersten Schwarm – seine Tanzlehrerin. Daß es der letzte Abend des Schuljahres war und er halb trunken war von der Vorfreude auf zu Hause, mag dazu beigetragen haben. Es war ein kleines Detail, ein harmloser Satz, der ihm augenblicklich den Kopf verdrehte. Man schmückte das Klassenzimmer für den Abschlußball, und die Tanzlehrerin preßte einen der Wimpel an ihr Gesicht und sagte: »Was riechen diese Wimpel gut.« Jack sah's und war »augenblicklich hin«.

Ja, er wurde langsam erwachsen. Besonders deutlich merkte er das, wenn er mit Warren von oder nach Irland unterwegs war. Sie wurden Höhepunkte, diese Reisen. Jetzt gingen sie, wenn sie mit der Nachtfähre in Liverpool ankamen, zuerst ins Lime Street Hotel, wo sie rauchend und Bücher und Illustrierte lesend im Salon saßen, bis sie zum Bahnhof mußten, um den allerletzten Zug nach Malvern zu erreichen. Ein paar Stunden goldene Freiheit ...

Aber auch zu Hause wurden die Vergnügungen erwachsener, wenn der Vater seinen beiden Söhnen einen Varieté-Abend im Belfast Hippodrome spendierte. Jack mochte Varietés eigentlich nicht besonders, aber er genoß es, mit seinem Vater auszugehen, und er genoß noch mehr das erlesene kalte Buffet, das nach der Vorstellung zu Hause auf sie wartete.

Später hat Jack diese Jungenjahre, wie er sie nannte – die Zeit zwischen Kindheit und Jugend – als eine Art »finsteres Mittelalter« bezeichnet, eine unromantische Epoche voller Lärm, Grausamkeit und Gier. Es waren Jahre, in denen er sich selber nicht treu war, seine so lebendige Phantasie schlummern ließ und sich seinen niedrigsten Gefühlen und Wünschen hingab. Sein eigentliches Ich war in dem Kind lebendig und später wieder in dem Jugendlichen und Erwachsenen; jetzt war es wie erstickt. Sie waren wie weggeblasen, die Begegnungen mit der »Freude«.

Jack war von 1911 bis 1913 in Chartres. Noch vor seinem Abgang hatte die Zeit der Finsternis ein Ende, und es wurde wieder Frühling in seiner Seele. Später hat er dieses Wiedererwachen so beschrieben:

»Es war, als ob all das arktische Packeis des Säkularismus sich nicht in einer Woche, nicht in einer Stunde, nein, in einem Augenblick in eine frühlingsbunte Blumenwiese mit blühenden Bäumen verwandelte, mit einem jubilierenden Vogelchor und hell murmelnden Bächen.«

Es fing damit an, daß er eine Literaturzeitschrift in die Hand nahm und eine Überschrift und ein Bild sah. Er las den Titel eines Buches: *Siegfried und die Götterdämmerung.* Er sah eine der so zurückhaltenden und doch bewegenden Illustrationen, die Arthur Rackham zu dieser alten Sage gezeichnet hat. Das Buch war ihm völlig unbekannt, aber er spürte sofort ein romantisches Gefühl des »Hohen Nordens«. Was nicht verwunderlich ist, bedenkt man, daß Jacks Heimatland Ulster im Norden liegt; wie viele Menschen aus dem Norden hatte auch Jack eine Antenne für große Weiten und abgeschiedene Wildnisse. Und jetzt also öffneten sich kalte, leere Himmelswüsten über dem Atlantik vor seinem inneren Auge, er spürte das kühle Zwielicht von Sommernächten, in denen die Sonne nie ganz untergeht. Und da waren sie wieder, die Worte, die ihm Jahre zuvor so durch das Mark gegangen waren: »Baldur ist tot.« Plötzlich war ihm, als schaue er in sein eigenes Land hinein, als kehre er aus ferner Fremde zurück, um sein Erbe anzutreten. Und wieder, wie eine Stimme, die ihn von weither rief, erfüllte sie ihn, die bittersüße »Freude«, die alte unerfüllte Sehnsucht, die aufblitzende Vision unerreichbarer Schönheit, die er schon als Kind gehabt hatte.

Die Nibelungensage mit ihrem Helden Siegfried war im 19. Jahrhundert von Richard Wagner in vier großen Opern *(Der Ring des Nibelungen)* verewigt worden. Eines der bekanntesten Stücke daraus ist der *Ritt der Walküren*, jener Botinnen des großen Schöpfergottes Odin. Es ist eine mächtige Musik, voller Erregung und dunkler Kraft. Jack fand heraus, daß die vier Opern auf Schallplatten erhältlich waren, und die Schallplattenkataloge wurden ihm eine neue Welt. Das Epos aus dem Norden hatte seine Phantasie entzündet. Als er in einer Zeitschrift eine Inhaltsangabe der Handlung der Nibelungen-Opern sah, schrieb er ein eigenes langes episches Gedicht über die Taten Siegfrieds. Es war keine kleine Leistung, blieb jedoch unvollendet, denn als er das vierte Buch begann, war er nicht mehr damit zufrieden, daß die Verse sich reimten oder einen bestimmen Rhythmus hatten, sondern versuchte, sich echte Dichtung abzuringen. Er begann zu ahnen, was es wirklich hieß, ein Dichter zu sein.

Er kaufte sich eine Wagner-Schallplatte nach der anderen; sein ganzes Taschengeld ging drauf. Aber immer noch hatte er das Buch, dessen Titel ihn da so gepackt hatte, nicht in die Hand bekommen. Eines Tages fuhr er auf Besuch zu einer seiner schönen Cousinen, der ältesten Tochter von Vetter Quartus. Sie war inzwischen verheiratet und wohnte am Rande von Dublin. Jack beschreibt sie als

»dunkle Juno, Königin des Olymp«. Plötzlich sah er auf einem Tisch in ihrem Zimmer das Buch, das er so suchte: *Siegfried und die Götterdämmerung,* mit den Illustrationen von Arthur Rackham. Mit wachsender Erregung begann er, darin zu blättern – und betrat eine andere Welt. Er mußte genügend Geld zusammenbekommen, um sich selber ein Exemplar zu kaufen, er mußte! Diese Fähigkeit, sich in seiner Phantasie in andere Welten hineinzuversetzen, ja selber solche Welten zu schaffen, sollte ihn sein Leben lang nicht mehr verlassen.

Als sich zeigte, daß es eine »Volksausgabe« der *Götterdämmerung* gab, die 15 Schillinge kostete – für Jack ein unerschwingliches Vermögen –, sprang der allzeit großzügige Warren, der seinen so ungewöhnlichen jüngeren Bruder gut verstand, in die Bresche und steuerte einen Teil des Geldes bei. Jacks Verhältnis zu den alten nordischen Göttern war von einer leidenschaftlichen Art, auch wenn er natürlich wußte, daß sie nur mythologische Gestalten waren. Jahre später, aus der Perspektive des reifen Christen, hat er diese Leidenschaft so beschrieben:

»Im Gebetbuch der Anglikanischen Kirche werden wir aufgefordert, ›Gott Dank zu sagen für seine große Herrlichkeit‹, ... aber ich hatte dieses Gefühl viel eher gegenüber den germanischen Göttern, an deren Existenz ich nicht glaubte, als ich es in meinen jungen Christenjahren gegenüber dem wahren Gott gehabt hatte. Manchmal scheint es mir fast, daß ich zu den falschen Göttern zurückgeschickt wurde, um dort das Anbeten zu erlernen – für den Tag, an dem der eine wahre Gott mich zu sich zurückrufen würde.«

Er schrieb immer noch weiter an seinem Phantasieland Boxen. Tierland und Indien waren mittlerweile zu einem Staat vereinigt, der seine eigenen Gesetze und sein eigenes Parlament hatte und mit vielen Personen bevölkert war, die starke Ähnlichkeiten zu real existierenden Personen hatten, darunter die Jungen selber und ihr Vater.

Jacks Hirn war unermüdlich aktiv. Schließlich kam der Tag, wo er die Aufnahmeprüfung für das Malvern College ablegen mußte. Ausgerechnet an diesem Tag war er krank und hatte hohes Fieber. Man erlaubte ihm, die Prüfungsarbeit buchstäblich im Bett zu schreiben, und siehe da, er bestand die Prüfung mit Bravour und gewann ein altphilologisches Stipendium. Warren nannte es später rückblickend den größten Erfolg in Jacks Laufbahn.

Kapitel 7

Wyvern

Wir erinnern uns: Während Jack in Chartres war, war Warren auf dem »Coll«, wie die Schüler das Malvern College nannten. In seinen Büchern nennt Jack es Wyvern, und das wollen wir hier auch tun.

Warren hatte es dort gut gefallen. In seinen Briefen nach Hause hatte er geschrieben, daß man in Wyvern so viel essen konnte, wie man wollte – kaum zu glauben nach dem Fraß in Oldies Schule. Von Natur aus kontaktfreudiger als Jack, paßte er sich rasch dem Leben der Schule an. Doch das Verhältnis zu seinem Vater wurde immer gespannter. Er begegnete ihm mürrisch und wegwerfend und mochte seine ständigen Erkundigungen nach jeder Einzelheit aus seinem und Jacks Leben nicht mehr hören. Seine Noten wurden immer schlechter, und sein großer Herzenswunsch war, ein Motorrad zu bekommen. Mr. Lewis reagierte – vielleicht weil keine verständnisvolle Mutter im Hause war, die schlichtend zwischen Vater und Sohn hätte treten können – zornig und bitter. Schließlich nahm er den »Nichtsnutz« von der Schule herunter und schickte ihn zu seinem eigenen ehemaligen Rektor, Mr. Kirkpatrick, der sich mit seiner Frau als Rentner in Great Bookham in der Grafschaft Surrey (Südengland) niedergelassen hatte; er sollte Warren auf die Militärakademie Sandhurst vorbereiten. Mr. Kirkpatrick schrieb dem schockierten Mr. Lewis alsbald, daß Warren seiner Meinung nach so gut wie nichts gelernt hatte in dem Internat.

Jack begann seine Schulzeit in Wyvern zur gleichen Zeit, als Warren nach Bookham ging. Wir können uns vorstellen, wie er Jack beglückwünschte und ihm schulterklopfend versicherte, wieviel Spaß man auf dem »Coll« haben konnte. Ganz bestimmt würde es Jack genausoviel Spaß machen ...

Zuerst war Jack fast atemlos vor Vorfreude auf die neue, große Schule. Er war jetzt fast fünfzehn. Hin und wieder hatte er mit anderen Chartres-Schülern die Sportwettkämpfe in Wyvern besucht. Wie Halbgötter waren sie ihm vorgekommen, die hoch erhabenen, athletischen »Bloods«, wie man die älteren Schüler nannte. Und jetzt durfte er in ihre Welt eintreten! Fast fühlte er sich wie ein Gläubiger, der einen Tempel betritt.

Diesmal mußte Jack allein nach England fahren. Aufgeregt und etwas verschüchtert betrat er das Schülerwohnheim. Es war ein hohes Steingebäude, und drinnen empfing ihn der typische »Schulgeruch« aus blankgeputztem Holz und frisch geschrubbten Steinfußböden. Er sah sich um. Der Bau erinnerte ihn ein wenig an die Fähre: zwei dunkle, im rechten Winkel sich kreuzende Gänge mit vielen Türen, ganz ähnlich wie auf dem Passagierdeck, nur daß hinter den Türen keine Kabinen lagen, sondern die Zimmer der Schüler. Sie waren vielleicht zwei auf zwei Meter groß und von zwei oder gar drei Jungen belegt, aber für Jack, der von seiner alten Schule kein bißchen eigenes Territorium gewohnt war, waren sie der reine Himmel. Ein verstohlener Blick hinein belehrte ihn, daß sie übervoll waren von Bildern, Bücherregalen, Andenken und anderem Krimskrams, wie er für die edwardianische Epoche so typisch war.

An jenem ersten Tag wurde Jack zusammen mit einem Dutzend anderer »Neuer« in einen ziemlich dunklen großen Raum geschickt, wo sie sich auf einer Holzbank, die um einen mit dem Fußboden verschraubten Tisch lief, niederließen und sich in nervösem Flüsterton unterhielten. Sie wußten, daß nur ein paar Auserwählte sofort ein richtiges Zimmer bekommen würden; was würde wohl mit den anderen geschehen?

Dann passierte etwas sehr Merkwürdiges. Von draußen stürzte plötzlich ein Junge herein, lächelte versonnen und ging wieder hinaus. Das wiederholte sich etliche Male. Die Jungen hatten alle ein mädchenhaft hübsches Gesicht, und Jack erfuhr bald mit einigem Befremden, daß sie die »Tarts« des Hauses waren, die die Neuen begutachteten, um zu sehen, wer von ihnen sich zum Nachfolger-»Tart« eignete – zum privaten Liebling der »Seniors« oder »Bloods« (älteren Schüler). Als Günstlinge der »Bloods« hatten die »Tarts« einigen Einfluß auf sie und manchmal eine Art Liebesbeziehung zu ihnen. Jack hat diese Günstlingswirtschaft, die ihn eher langweilte als schockierte, in seiner Autobiographie in sarkastischen Tönen beschrieben. Warren fand, daß er das System schlimmer machte, als es war, aber wie auch immer: Jacks Bild von der Public School hatte seine ersten Schrammen bekommen.

Die ersten Tage verbrachte er in rastloser Hektik. Was hatte er zu tun, wo mußte er hin? So galt es herauszufinden, zu welchem Schulsport-»Club« er gehörte, denn Sport war das halbe Leben in Wyvern und ein guter Cricketspieler ein Halbgott. Jack haßte es, hinter einem Ball herrennen zu müssen, aber er lief pflichtschuldigst zu dem großen Schwarzen Brett im Hauptgebäude. Wo stand sein Name? Doch das Gedränge vor dem Brett war so groß, daß er nicht nah genug herankam. Er lief schließlich zurück ins Schülerheim. Wenn er nur nicht inzwischen etwas anderes Wichtiges verpaßt hatte! Als er an der Tür des Schulpräfektenzimmers vorbeikam (die Schulpräfekten waren von der Schule benannte ältere »Aufsichtsschüler«), rief ihn ein gewisser Fribble, der dort stand, an: »He, Lewis, du bist im gleichen Club wie ich, B6!« Jack war überwältigt ob dieser gnädigen Herablassung des großen Präfekten Fribble zu einem frischgebackenen Neuen. Ihm war, als ob ein König ihn zum Diner eingeladen hatte. Er konsultierte von Stund an regelmäßig die Spielerliste für B6, und siehe da, sein Name stand nie darauf. Wie praktisch!

Bis der schreckliche Tag kam, wo sich zeigte, daß er gar nicht zu B6 gehörte. Er wurde vor die Schulpräfekten geladen, wegen Schwänzen seines Sportklubs. Fribble hatte gelogen oder ihm einen Streich gespielt. Die Strafe für Jacks »Verbrechen« war eine öffentliche Züchtigung durch den Direktor des »Coll«, in Anwesenheit der hocherwürdigen Präfekten. Jack ließ sie stoisch über sich ergehen, aber ich glaube, in dieser Stunde ging eine Tür in seinem Inneren zu. Von jetzt an konnte er alles in Wyvern nur noch im schlimmsten Licht sehen. Er war also ein Ausgestoßener, ein Sportschwänzer, ein Junge mit zwei linken Händen. Eine entsetzliche Einsamkeit packte ihn. Jetzt erst merkte er so richtig, daß Warren ja fort war und ihm nicht mehr helfen oder ihn aufmuntern konnte. »Guck nicht so aus der Wäsche«, sagte man ihm dauernd. Ob er sich als Schutzschild eine Langeweilemiene zugelegt hatte? Wenn ja, dann lag unter ihr ein schwarzes Loch des Elends.

Taugte er zu gar nichts mehr? Doch. Außer dem verhaßten Schulsport gab es ja noch den normalen Unterricht, und hier war Jack in seinem Element. Vor seinem 15. Geburtstag, wenige Wochen, nachdem er in Wyvern angefangen hatte, schrieb er eine so hervorragende Horaz-Übersetzung, daß selbst der Schuldirektor aufhorchte. In eine fortgeschrittene Klasse eingestuft hatte man ihn ohnehin schon. Dies war ermutigend. Aber bald wurde auch die schulische Arbeit ein Problem, und das lag an dem System des »Fagging«, das Wyvern mit so vielen anderen großen englischen Public Schools gemeinsam hatte und das einem das Schülerdasein gründlich vergällen konnte. Die »Bloods« beuteten die jüngeren Schüler als eine Art Arbeitssklaven aus. Wenn einer der »Bloods« sein Zimmer gefegt oder seine Schuhe geputzt oder eine Tasse Tee haben wollte, rief er nach einem »Fag«, der sogleich alles liegen und stehen zu lassen und herbeizurennen hatte. Und die meiste Arbeit halste man natürlich den unbeliebteren Schülern auf ...

Bis ans Ende seiner Tage sollte Jack sich an das kalte »Schuhloch« in einem muffig-dunklen Kellerraum erinnern, wo er nach den Schuhbürsten anstand, halb verrückt vor Sorge, eine Unterrichtsstunde zu verpassen oder mit seiner Arbeit nicht mehr nachzukommen. Es dauerte nicht lange, bis er so erschöpft war, daß er nicht mehr richtig arbeiten konnte. Besonders stabil war seine Gesundheit damals sowieso nicht. Kurz bevor er in Wyvern anfing, war er krank gewesen, und wahrscheinlich kamen seine Körperkräfte nicht mit seinem Wachstum nach. Vor allem aber fühlte er sich ständig wie das fünfte Rad am Wagen. »Ich war müde, hundemüde«, schrieb er später über diese Zeit. Die schönste Tageszeit war noch der Abend, wenn man sich endlich hinlegen und schlafen konnte und das Getöse auf den Gängen verstummt war. Doch kaum war er eingeschlafen, meldete sich sein Zahnweh. Er war wie gerädert, wenn der Morgen den nächsten Alptraumtag brachte.

Just um diese Zeit kam Warren auf Besuch, um an einem Ehemaligentreffen teilzunehmen. Er genoß es in vollen, lautstarken Zügen, aber eines schockierte ihn, und das war sein einzelgängerischer Bruder mit seinem stets gelangweilten Gesichtsausdruck. Er erkannte instinktiv, daß Jack sich auf dem College so nur noch unbeliebter machen würde.

Jack lehnte den ganzen Geist von Wyvern ab. Der Sport- und Spielkult, der hier betrieben wurde, erfüllte ihn mit immer größerer Verachtung, und dies keineswegs nur deswegen, weil er selber hier auf keine Lorbeeren hoffen konnte; es blieb ihm nicht verborgen, mit welch unterwürfiger Nervosität viele Schüler in ihre Trainingsstunden gingen, wie Möchtegernfilmdivas, die zu der alles entscheidenden Sprechprobe antanzten.

Auch in der größten Müdigkeit blieb sein Gehirn aufnahmebereit, registrierte, schuf Bilder, die ihn wie Albumfotos durch sein Leben begleiteten. Jack hatte die seltene Gabe, vergangene Szenen und Augenblicke in der Erinnerung wie einen Film wieder vor sich ablaufen lassen zu können und ihre Akteure mit den Augen des Künstlers, manchmal auch des Richters kritisch zu bewerten. Und so wurden die Personen, denen er in Wyvern begegnete, Jahre später auf den Seiten seiner Autobiographie *Surprised by Joy (Überrascht von Freude)* wieder lebendig. Wie zum Beispiel der verwegene, »unzähmbare« irische Adlige, einer der wenigen, dem die ganze Bloods- und Tarts-Wirtschaft herzlich egal zu sein schien und der stets – sicher ohne Wissen der Lehrer – einen Revolver bei sich trug, mit dem er gerne eine Art russisches Roulette spielte: Er lud eine Patrone in die Trommel, hielt die Waffe an den Kopf eines seiner Mitschüler, zählte und drückte ab. Schon in seinem ersten Jahr betätigte er sich als Pfeifenraucher, und an manchen Abenden verschwand er mit unbekanntem Ziel in eine benachbarte Stadt. Jack bewunderte es, wie er »die Schule durchlief, ohne sie seiner Beachtung zu würdigen«.

Der Mensch, der Jack in Wyvern vielleicht am nachhaltigsten prägte, war ein sehr tüchtiger Lehrer, den die Jungen Smewgy nannten. Er führte Jack in die Welt der großen Literatur ein, und in seinen Stunden entdeckte Jack, daß es noch andere Schüler gab, deren Herz beim Studieren dieser Texte höher schlug. Zum ersten Mal fühlte er sich nicht mehr total isoliert. Bislang hatte ihm seine Bücherliebe fast ein schlechtes Gewissen gemacht: War es nicht »normaler«, sich nur hin und wieder einen Roman zu genehmigen? Aber jetzt – endlich! – hatte er Gleichgesinnte gefunden, die seine heimliche »Leidenschaft« teilten. Dank Smewgys Unterricht. Der grauhaarige, bebrillte Lehrer mit dem etwas zu großen Froschmund war ein Meister der Stimme; wie Jack später schrieb: »Jeder Vers, den er vorlas, wurde auf seinen Lippen zu Musik.« Manchmal war er streng, nie aber ungerecht, und sein Markenzeichen war eine gewisse gravitätische Höflichkeit. Er titulierte seine Schüler als »Gentlemen«, und da Jungen ein feines Gespür dafür haben, wer ihnen taktvoll und von Mann zu Mann begegnet, war es gewissermaßen undenkbar, sich in seinen Stunden danebenzunehmen. Unter Smewgy, der Griechisch und Latein unterrichtete, erwachte in Jack die Liebe zur Dichtung der Antike, und zu den nordischen Göttern, die seinen Kopf bevölkerten, traten alsbald griechische und römische.

Und er las und las. Mit das Schönste, an das er sich aus den schweren Monaten in Wyvern erinnerte, waren die Stunden, die er in der unter dem Spitznamen »Gurney« bekannten Schulbibliothek verbrachte. Die Bibliothek wurde sein Zufluchtsort, eine Oase in der Wüste. Man brauchte eine Portion Glück, um die Oase zu erreichen: Da waren die obligatorischen Sportnachmittage, da war die Zuschaupflicht bei ach so wichtigen Spielen, da war der nächste Schuhputzeinsatz. Aber wenn es ihm gelang, sich freizumachen, dann war die Bibliothek eine stille Seligkeit, eine Insel der Freiheit; selbst das Fagging-System machte vor ihren Pforten halt. Sein ganzes Leben lang sollte Jack sich an die Stunden erinnern, die er lesend an einem der Tische verbrachte, im warmen Licht der Nachmittagssonne, in den Ohren das schläfrige Summen der Bienen an den offenen Fenstern und das gesegnet ferne »Klack!« der Crikketschläger auf dem heißen Rasen.

Hier las er nicht nur seine geliebten Heldengeschichten aus dem Norden, hier entdeckte er auch die keltische Mythologie. Zusammen mit den klassischen Sagen, die er im Griechisch- und Lateinunterricht kennenlernte, hatte er jetzt Legenden aus drei Kulturen als Futter für seine Phantasie zur Verfügung. Hören wir ihn selber:

»Dort entdeckte ich auch ... ein Buch über die keltische Mythologie, die bald wenn nicht eine Rivalin, so doch eine liebe Gefährtin der nordischen wurde. Das tat mir gut; sich gleich in zwei Mythologien zu vertiefen (oder in drei, entdeckte ich jetzt doch auch die griechische) und sich ihrer Unterschiede bewußt zu werden, gibt einem eine gewisse gesunde Ausgewogenheit und Breite. Ich spürte ihn deutlich, den Unterschied zwischen der eisig-feurigen Erhabenheit von Asgard [nordisch], der laubgrünen, liebesweichen, verborgenen Welt von Cruachan und dem Roten Zweig und Tir-nan-Og [keltisch] und der härteren, trotzigeren, sonnenhellen Schönheit des Olymp [griechisch-römisch].«

Dort in der Bibliothek vertiefte er sich auch in die englische Dichtung. Er entdeckte die Sprachgewalt von Miltons *Paradise Lost* und *Paradise Regained* und die fast mystische Atmosphäre in den Gedichten von W. B. Yeats. Zu seiner großen Freude entdeckte er, daß ein oder zwei der anderen Schüler seine Liebe zur Dichtung teilten, ja sie schon vor ihm verspürt hatten. Er war nicht mehr allein. Fast begann er, diese Jungen und sich selber als eine Art intellektuelle Elite und Vorhut der Menschheit zu betrachten. Später hat er erkannt, daß er damals in Gefahr war, ein eingebildeter Schnösel zu werden.

Ja, trotz allen Elends, das Jack in Wyvern erlebte, sie war da, jene innere »Freude«, die sich noch in Chartres wieder gemeldet hatte. Es war fast, als ob er in zwei Welten lebte. Die eine war die äußere, graue. Aber wenn es ihm gelang, sich aus ihr in das innere Reich des Geistes zurückzuziehen, war der Zauber wieder da. Niemand hat dies beredter beschrieben als er selber, wenn er als Erwachsener schrieb:

»Und auch jetzt gab es Augenblicke, wo das Glück einem den Mund verschloß, der Kopf voller Götter und Helden war, Satyrn und Mänaden ihren wilden Reigen auf den Bergen tanzten. ... Und dann die Welt selber – kann ich unglücklich gewesen sein in ihrem Paradies? Wie prickelnd goß die Sonne ihr Licht aus, ja die Düfte waren genug, einen trunken zu machen: frisch gemähtes Gras, tauberperltes Moos, Wicken, das Laub des Herbstwaldes, brennendes Holz, Torf, Salzwasser. Die Sinne taten mir weh. Ich war krank vor Sehnsucht – jene Krankheit, die besser ist, als gesund sein.«

Jack begann wieder selber zu schreiben. Diesmal war es eine nordische Sage mit dem Titel »Der gebundene Loki«. Die Götterfiguren waren dem Leben in Wyvern entnommen. Der polternde Hammergott Thor war eine Nachbildung der »Bloods«. Und Loki, der sich gegen den Schöpfergott Odin stellt, weil der eine Welt so voller Grausamkeit geschaffen hat, war ein Echo von Jacks eigenem Weltpessimismus. Nach wie vor glaubte er, daß es Gott nicht gab. Und doch stieg aus seinem innersten Herzen sein anklagender Zorn über die Grausamkeit der Welt zu einem unbekannten Gott hoch, und dies ist sehr bedeutsam. Jack vermeinte, die Welt zu verachten und zu verdammen. Er zog sich in sich selber zurück, weil er keine Freunde finden konnte, die so waren wie er selber. Sollten die anderen machen, was sie wollten, wenn sie ihn nur in Ruhe ließen. Lieber einsam, aber frei sein als in Gesellschaft und unglücklich. Jack hatte genug vom Unglücklichsein.

Und so gab es diese beiden Strömungen im Fluß seines Charakters: eine dunkel und eine hell; der Haß auf das Leben im Internat, dessen Bewohner so grausam zueinander sein konnten, und das selige Glück, wenn er die Schönheit der Natur und Literatur in sich einsaugen konnte. Ich glaube, vor allen Dingen sehnte dieser sensible irische Junge, der so gar nicht in das Leben einer Public School hineinpaßte, sich danach, er selber sein zu können und einen Ort zu finden, an dem sein Geist wachsen konnte. Gegen Ende seines zweiten Trimesters in Wyvern schrieb er in seiner Not seinem Vater einen Brief, in welchem er ihn anflehte, ihn von der Schule zu nehmen.

War der Brief so herzzerreißend? Hatte Jack nicht gemerkt, wie sein Vater bei allen Fehlern und Mißverständnissen doch zutiefst wollte, daß sein Sohn glücklich wurde? War nach Warrens Abgang vom »Coll« und der bitteren Erkenntnis, daß diese hochgelobte, teure Anstalt offenbar rein gar nichts aus seinem Ältesten gemacht hatte, das Maß einfach voll für Mr. Lewis? Wie dem auch gewesen sein mag, in den Osterferien fand Jack einen gesprächsbereiten Vater vor. Mittlerweile hatte Warren unter Mr. Kirkpatrick große Fortschritte gemacht, und so schlug Mr. Lewis Jack vor, im Herbst ebenfalls dorthin zu gehen; Mr. Kirkpatrick sollte ihn zu einem Oxford-Stipendium hinführen. Er warnte seinen Sohn freilich vor dem allzu ruhigen Leben allein mit einem älteren Ehepaar; das Alleinsein war – das wußte Mr. Lewis aus eigener bitterer Erfahrung – nicht unbedingt ein Segen. Jack hörte ihm mit dem gebührenden Ernst zu. Innerlich jubelte er vor Freude. Sich in Ruhe und Frieden und ohne die elenden Peiniger seinen Lieblingsthemen widmen zu können – der bloße Gedanke war das halbe Paradies! Die Freiheit war in Sicht, und ein aufgeräumter Jack fuhr zurück nach Malvern, um sein Schuljahr dort abzuschließen.

Draußen in der weiten Welt starb langsam die Freiheit. Man schrieb das Jahr 1914, und ein Krieg von ungekannter Schrecklichkeit dräute am Horizont, ein Krieg, über den der englische Außenminister Edward Grey den klassischen Satz prägen sollte: »Über ganz Europa gehen die Lichter aus.«

Warren machte sich unter Mr. Kirkpatrick so gut, daß er, den Ängsten seines Vaters zum Trotz, auf der Liste der neuen Sandhurst-Kadetten ganz oben stand und einer der wenigen Preiskadetten wurde. Jack fand, daß sein Vater diesen Erfolg nie wirklich gewürdigt hat; der Riß zwischen Mr. Lewis und seinem Ältesten war zu tief geworden.

Kurz danach konnte Jack Wyvern endgültig verlassen und in die Sommerferien nach Hause fahren. Der August 1914 brachte die Kriegserklärung, und Warren, der jetzt in der Ausbildung zum Armeeoffizier war, wurde nach Sandhurst zurückbeordert.

Die Welt, wie Jack sie kannte, war im Umbruch. Ein dunkler Tunnel lag vor den Menschen.

Kapitel 8

Glück

Kurz bevor Jack zu seinem letzten Trimester zurück nach Wyvern fuhr, kam ein Brief von einem in der Nachbarschaft wohnenden jungen Mann namens Arthur Greeves, der krank zu Bett lag: ob Jack ihn wohl einmal besuchen würde? Er muß von der still beharrlichen Sorte gewesen sein, dieser Arthur, denn seine Jahre zuvor unternommenen Versuche, die Freundschaft der Lewis-Jungen zu gewinnen, hatten alle nichts gefruchtet. Nun, jetzt war Warren nicht da, Jack war allein, und er beschloß, wenn auch vielleicht nicht begeistert, Arthurs Wunsch zu erfüllen.

Als er in das Zimmer trat, saß Arthur im Bett, und auf dem Nachttisch lag ein Buch mit dem Titel *Sagen der Wikinger*. Es war natürlich ein Buch dem Jack unmöglich widerstehen konnte. Seine Augen müssen aufgeleuchtet haben, als er es sah, und die beiden Jungen sagten, fast im Chor: »Magst du das auch?« Worauf sie nicht mehr zu bremsen waren. Da waren sie also alle beide Liebhaber dieser nordischen Sagen und Mythen! Immer aufgeregter wurden sie, fragten einander aus, teilten sich ihre Entdeckungen mit. Endlich hatte Jack einen Freund gefunden, der diese seine Vorliebe teilte, er war doch nicht allein mit ihr! Die Entdeckerfreude ist groß, wenn man endlich einen Menschen findet, der einen versteht, besonders wenn man, wie Jack, ein Einzelgänger ist und ungewöhnliche Interessen hat. Oft sind solche Menschen besonders intelligent und sensibel, und sie zahlen ihren Preis dafür; aber ihre Freude, wenn sie dann kommt, kann um so größer sein.

Später schrieb Jack über diesen Besuch: »Ich hatte es für so unmöglich gehalten, daß es solch einen Freund gab, daß ich ihn noch nicht einmal herbeigesehnt hatte. ... Ich glaube, es gibt im Leben nichts Erstaunlicheres als die Entdeckung, daß es doch jemanden gibt, der ganz ähnlich ist wie man selber.«

Für jemanden mit Jacks Weltanschauung mag Arthur ein ungewöhnlicher Freund gewesen sein, aber er konnte ihm das geben, was er so nötig brauchte, denn er war ein freundlicher, sanfter, nachdenklicher junger Mann. Seine Eltern gehörten zu den Plymouth-Brüdern, einer streng bibelgläubigen Gemeinschaft, die einen strikt christlichen Lebensstil praktizierte und deren Gottesdienste denen der Quäker nicht ganz unähnlich waren. Arthur war der Jüngste in einer langen Geschwisterreihe, aber Jack fand das Haus erstaunlich ruhig – ruhiger als sein eigenes, vor allem, wenn Warren da war. Es war ein christliches Heim von der stillen Sorte, und Arthur war ein begabter Künstler und Klavierspieler. Und ein leidenschaftlicher Bücherwurm.

Bald fingen die Jungen an, gemeinsam zu lesen und sich auszutauschen. Arthur führte Jack in die Welt der großen Romane von Sir Walter Scott, Jane Austen, den Brontë-Schwestern und anderen Autoren ein. Auf vielen gemeinsamen Spaziergängen zeigte er ihm das Schöne in den kleinen Dingen des Alltags – etwa »ein Bauernhof in der Vormittagsstille, wo eine graue Katze sich unter dem Scheunentor durchquetscht oder eine gebückte alte Frau mit mütterlichem Faltengesicht, die mit einem leeren Eimer vom Schweinestall zurückkommt«.

In einem seiner Briefe an Arthur erinnert Jack sich an eine dieser Wanderungen: »Ich werde ihn nie vergessen, diesen herrlichen Spaziergang, von dem Du sprichst, wie wir im Moos lagen und uns von der Sonne bescheinen ließen und rundherum glücklich waren – was weiß Gott selten genug vorkommt.«

Aufgrund seiner labilen Gesundheit und seines schwachen Herzens konnte Arthur, obwohl er in Warrens Alter war, nicht zum Militär. Jack dagegen wußte, daß er sich über kurz oder lang würde entscheiden müssen, und schloß ein Abkommen mit der Zukunft. Er sagte: »Gut, ihr sollt mich haben, aber erst am Tage X. Wenn es denn sein muß, werde ich in euren Kriegen sterben, aber bis dahin werde ich mein eigenes Leben leben. Meinen Körper sollt ihr kriegen, aber nicht meine Seele.«

Und so, im vollen Bewußtsein einer ganz und gar ungewissen Zukunft, begann Jack einen der glücklichsten Abschnitte seines Lebens.

Der Tag kam, wo er wieder die Fähre bestieg, das Salz auf seinen Lippen schmeckte und die auffrischende Brise auf der Stirn spürte, als das Schiff die Bucht entlangglitt, hinaus auf das offene Meer. Jetzt fuhr er allein und mußte von Liverpool nach London fahren, dann durch die Stadt zum Bahnhof Waterloo, von wo aus er weiter nach Great Bookham fuhr.

Es war eine neue Landschaft und ein neues Abenteuer für ihn. Auf den Bahnhöfen roch es nach Krieg: Soldaten in Uniform, adieu sagende Paare, Militärzüge.

Aber Jack hatte sein Abkommen mit der Zukunft geschlossen. Seine Zeit war noch nicht da, seine Gedanken richteten sich ganz auf den unbekannten Ort, zu dem er unterwegs war.

Er war angenehm überrascht. So schön hatte er sich Surrey nicht vorgestellt. Die Wälder und Haine, die Ginsterbuschwiesen, die kleinen Täler und Hügel bezauberten ihn. Die Fachwerkhäuser mit ihren roten Ziegeldächern sahen so viel hübscher aus als die irischen Häuser; sie erinnerten ihn unwillkürlich an einen gemütlichen Nachmittagstee, der auf einem großen Tablett hereingetragen wird.

Mr. Kirkpatrick überraschte ihn noch mehr. Nach dem, was sein Vater, selber einer seiner Schüler, von ihm erzählt hatte, hatte er sich einen weichlichen, sentimentalen Mann vorgestellt. Es war schon ein Phänomen, wie Mr. Lewis bei seinen dramatisierenden Vorträgen die Dinge unbewußt bis zur Unkenntlichkeit verdrehen konnte. Nein, Jacks Lehrer war ein großgewachsener, dünner, schäbig gekleideter Mann. Zäh und muskulös sah er aus, sein Händedruck war wie eine Schraubzwinge. Er hatte einen Schnurr- und Bakkenbart und einen durchdringenden Blick. Nach fünf Minuten wußte Jack, daß er ein unbestechlicher Logiker war, der mit Rasiermesserschärfe die kleinsten Ungenauigkeiten und Widersprüche in den Äußerungen seiner Gesprächspartner bloßlegte. Alle Wetter, der Mann hatte Kaliber! Aber nach ein paar Tagen hatte Jack Tritt gefaßt, und bald genoß er die Wortgefechte mit seinem neuen Lehrer. Mr. Kirkpatrick – oder »der Große Knock«, wie seine Schüler ihn nannten – hatte etwas Exzentrisches an sich. Er war als schottischer Presbyterianer aufgewachsen, aber dann Atheist geworden. Doch einen frommen Rest hatte er aus seiner Jugend beibehalten: Zur sonntäglichen Gartenarbeit zog er sich immer ein klein wenig besser an.

Jacks Alltag war jetzt völlig anders als in Wyvern. Manch einer hätte ihn vielleicht als langweilig empfunden; für Jack war es der Himmel. Er war jetzt sechzehn und fühlte sich erwachsen und abgenabelt.

Er frühstückte gewöhnlich um acht Uhr. Eine Stunde später saß er mit Mr. Kirkpatrick an seinem Schreibtisch in dem kleinen, einfach eingerichteten Studierzimmer im Obergeschoß des Hauses. Der »Große Knock« war, wie Smewgy, der geborene Deklamator. Seine kehlige nordirische Stimme war wie geschaffen für Homers *Ilias*. Er las einen längeren Abschnitt vor, übersetzte ihn mit einem Minimum an Erklärungen, und dann reichte er Jack ein griechisches Wörterbuch, wies ihn an, den ganzen Abschnitt noch einmal selbständig durchzugehen, und verließ das Zimmer. Sie wirkte, diese ungewöhnliche Methode. Schon bald dachte Jack auf griechisch, und darauf kam es an.

Jack studierte weiter bis zum Mittagessen um ein Uhr. Unterbrochen wurde der Morgen nur durch den Elf-Uhr-Tee oder -Kaffee. Mrs. Kirkpatrick scheint etwas im Schatten ihres Mannes gestanden zu haben, aber sie versorgte Jack bestens.

Nach dem Essen ging Jack allein spazieren. Er genoß diese Einsamkeit; noch besser wäre höchstens ein Seelenfreund wie Arthur gewesen, der ähnliche Interessen und Gefühle hatte wie er selber. Es war Arthur, dem Jack in seinen Briefen sein Innerstes öffnete; er wußte: auf ihn konnte er zählen.

Auf diesen stillen Wanderungen bekam er ein immer tieferes Gespür für die Reize der Landschaft Surreys, für »die so engen kleinen Täler, ... die vielen in Wäldchen und Senken gekuschelten Dörfer, die zahllosen Pfade, Hohlwege, baumbestandenen Mulden, die Haine, die Vielfalt der Häuschen, Höfe, Villen und Landsitze, dieses ganze bunte, nicht zu entwirrende Kaleidoskop«.

Kurz vor zwei Uhr ging er los, zum Vier-Uhr-Nachmittagstee war er wieder zurück. Wenn Mrs. Kirkpatrick nicht da war (und das war »erfreulich häufig« der Fall), war er beim Tee allein und konnte lesen – jetzt zur Enspannung und nicht um zu lernen. Der Vier-Uhr-Nachmittagstee sollte eine feste Institution werden in seinem Leben, einer der Höhepunkte im Tagesablauf. Gegen fünf Uhr saß Jack wieder am Schreibtisch, wo er bis um sieben arbeitete. Danach das Abendessen und ein Tagesausklang mit Gesprächen oder leichter Lektüre.

Er war merkwürdig zufrieden mit diesem ruhig dahinfließenden Dasein. Hin und wieder kam Warren, der jetzt in Frankreich stationiert war, »in der ganzen Herrlichkeit eines jungen Offiziers« auf Fronturlaub, um Jack mit nach Irland zu nehmen. Mit fürstlicher Großzügigkeit bezahlte er Schlafwagentickets der Ersten Klasse – für Jack ein undenkbarer Luxus. Nach Surrey zurückgekehrt, nahm Jack dann den Briefwechsel mit Arthur wieder auf. Jede Woche schrieb er ihm und wartete auf seinen Antwortbrief, der für ihn »der Höhepunkt der Woche« war.

Arthur war es denn auch, dem er ein scheinbar nebensächliches Begebnis berichtete. Jack ließ sich seine Bücher mit Vorliebe aus London kommen, kaufte sie aber auch unterwegs, wenn er irgendwo etwas Passendes fand, das ihn interessierte und nicht zu teuer war. Eines kalten Herbstabends, als es gerade dunkel wurde und die Luft nach Frost roch, war er auf dem Bahnhof Leatherhead und wartete auf den Zug nach Bookham. An dem Bücherstand fiel sein Auge auf ein unscheinbar aussehendes kleines Buch. Er kaufte es, einfach so, und stieg in seinen Zug. Er begann zu lesen – und konnte das Buch nicht mehr weglegen, so packte es ihn. In seinem wöchentlichen Brief an Arthur schrieb er: »Diese Woche habe ich ein großes literarisches Erlebnis gehabt. ... Das Buch ist George MacDonald's *Phantastes,* es kam ganz zufällig in meine Hand. ... Hast Du es schon gelesen? Egal, was Du sonst gerade liest, dieses Buch mußt Du Dir sofort besorgen ...«

Jack ahnte es noch nicht, aber dies sollte ein Wendepunkt seines Lebens werden. *Phantastes* war eine Art romantischer Roman, nicht ganz unähnlich den Sagen und Legenden, die er so liebte, aber da war noch mehr – eine verborgene Bedeutung, ein »heller Schatten«, den Jack die »Stimme des Heiligen« nennen sollte. »Es war, als ob die Stimme, die mir vom Ende der Welt aus zugerufen hatte, jetzt direkt an meiner Seite war«, bekannte er später. Es war fast so, als ob durch das Lesen dieses Buches sich eine große Veränderung ihren Weg in seinen Geist zu bahnen begann. In *Überrascht von Freude* beschreibt er dies so:

»An diesem Abend wurde gewissermaßen meine Phantasie getauft. Beim Rest von mir dauerte es – wen wundert's? – etwas länger. Ich hatte nicht den geringsten Schimmer, auf was ich mich einließ, als ich *Phantastes* kaufte.«

Kapitel 9

Krieg

Wie oft scheint die Sonne besonders hell und golden, kurz bevor die schwarzen Wolken am Himmel aufmarschieren und der Sturm losbricht. Für Jack waren die smaragdgrünen Wellenberge, die an den weißen Kieselstränden und verträumten Buchten von Donegal herandonnerten, noch nie so schön gewesen wie in dem heißen Sommer des Jahres 1916.

Schon als kleiner Junge hatte er schwimmen gelernt; jetzt genoß er das Bad in der Brandung des Atlantiks, die übermannshoch heranrollte, ihn immer wieder unter ihrer wirbelnden Gischt begrabend.

Es war ein goldenes Jahr für ihn. Anfang Dezember fuhr er nach Oxford, um seine Aufnahmeprüfung für ein Stipendium in Altphilologie abzulegen. Er war jetzt achtzehn. Am Bahnhof angekommen, zog er schnurstracks los, um sich ein Zimmer zu suchen. Aber was waren das für schäbige Straßen und ärmliche Häuser? Sollte dies die Stadt seiner Träume sein? Hier stimmte etwas nicht! Endlich drehte er sich um – und dort, in der Ferne, war sie, die atemberaubende Silhouette der College- und Kirchtürme, auf die er sich so lange schon gefreut hatte. Er war in die falsche Richtung gegangen! Er fand schließlich eine zweirädrige Droschke, bat den Kutscher, ihn irgendwohin zu bringen, wo er für eine Woche Unterkunft bekommen konnte, und wurde zu einem Haus in der Mansfield Road gefahren.

Am nächsten Morgen schneite es. Er schrieb an seinen Vater:

»Oxford übertrifft meine wildesten Träume. Noch nie habe ich etwas so Schönes gesehen, besonders jetzt, an diesen Frostabenden, obwohl es in der Oriel Hall, wo wir unsere Prüfungsarbeiten schreiben, nachmittags um vier grausam kalt ist. Die meisten von uns haben schon, mit wechselndem Erfolg, versucht, in ihren Handschuhen zu schreiben.«

Nach der Prüfungswoche fuhr Jack nach Hause, um seinem Vater beizubringen, daß er wohl durchgefallen war. Worauf der sonst manchmal so schwierige Mr. Lewis ihn wacker zu trösten versuchte, was um so bemerkenswerter ist, bedenkt man, daß Mr. Kirkpatrick ihm in seinen Briefen mitgeteilt hatte, daß Jack »der geborene Literat ist, und dem müssen wir uns stellen, mit allem, was dazugehört«. Und fast schon wie eine Warnung klang dieser Satz: »Das Literaturstudium ist sein Leben, alles andere ist ihm sinnlos ... Er eignet sich für nichts anderes.« Es war ein erschreckender Gedanke für Jack – und machte die große Nachricht, die Vater und Sohn am Heiligabend erreichte, um so freudiger: Jack war als Student in das University College aufgenommen worden.

Er fuhr zurück zum Großen Knock, um sich ein letztes Trimester lang auf die »Responsions« vorzubereiten, eine allgemeine Aufnahmeprüfung, die für alle neuen Oxford-Studenten obligatorisch war und Kenntnisse in Mathematik verlangte. Jack fiel durch; er war, wie er später sagte, unfähig, eine Prüfung in Mathematik zu bestehen, denn je mehr er sich anstrengte, desto mehr Fehler machte er.

Er ging trotzdem für das Sommertrimester nach Oxford, wo das Offizierausbildungs-Korps der Universität auf ihn wartete. In diesem ersten Trimester nahm er Unterricht in Algebra, um sich auf die Wiederholung der »Responsions«-Prüfung vorzubereiten. Er sollte sie nie ablegen.

Es war ein unwirkliches erstes Trimester. Die Hälfte des Colleges war in ein Militärlazarett verwandelt worden. In der anderen Hälfte hausten ein paar Studenten. Zwei waren nicht kriegsdiensttauglich, zwei noch zu jung für die Armee; ein Ire weigerte sich, für England zu kämpfen; die übrigen konnten aus anderen Gründen studieren. Jack fühlte sich wohl unter ihnen. Er absolvierte regelmäßig seine Wehrübungen, und noch vor Ende des Trimesters wurde er als Leutnant der Infanterie eingezogen.

Er wußte gut, was ihm passieren konnte. Die furchtbaren Kriegsverluste, der endlose Strom der Verwundeten, der von den Schlachtfeldern kam, die schwarze Decke der Angst und Sorge und Trauer, die sich über unzählige Häuser in jeder Stadt und jedem Dorf in England gelegt hatte – all dies malte ihm deutlich vor Augen, daß er womöglich nicht am Leben bleiben würde.

Eines Tages hatte er versucht, mit seinem Vater darüber zu sprechen, wie sinnlos es war, sich über so ein ungelegtes Ei wie sein Leben nach dem Krieg den Kopf zu zerbrechen. Es war einer seiner vielen Versuche, mit seinem Vater zu reden, und wie üblich scheiterte er; der Vater verstand ihn nicht. Jack schreibt: »Das Gespräch war ein Fehlschlag. So stark er sich nach meinem vollen Vertrauen sehnte, so unfähig war er, mir wirklich zuzuhören. Er schaffte es nicht, seinen Kopf zu leeren oder still werden zu lassen, um Platz für einen Gedanken von außen zu schaffen.«

Das Armeeleben begann unblutig. Jack wurde einem Kadettenbataillon zugeteilt, das im Keble College in Oxford einquartiert war. Er berichtete seinem Vater: »Ich will nicht leugnen, daß ich es als einen ziemlich schlechten Tausch betrachtete, als ich mein gemütliches Zimmer und meine Freunde gegen eine teppichlose kleine Zelle im Keble mit zwei Betten (minus Bettücher und Kissen) eintauschte und in eine Tommy-Uniform schlüpfte.« (»Tommy« war damals die gängige Bezeichnung für englische Soldaten.)

Jack war das University College so ans Herz gewachsen, daß er es in dienstfreien Stunden besuchte, um seine stille Schönheit auf sich einwirken zu lassen; manchmal übernachtete er sogar dort. Es ging ihm nahe, daß so viele vielversprechende, ja brillante junge Männer ihr Leben gleichsam abbrechen mußten, um in den Krieg zu ziehen, und wieder versuchte er, seinem Vater sein Herz zu öffnen. Er schrieb ihm:

»Du kannst Dir nicht vorstellen, wie mir das University College ans Herz gewachsen ist, besonders nachdem ich nicht mehr dort bin. Letzten Samstag abend, als ich ganz allein dort übernachtete, bin ich stundenlang durch die Gebäude gewandert, in Ecken und Winkel, wo ich noch nie gewesen war, wo die Fenster von Efeu überwuchert sind, den keiner schneidet, weil der Krieg die Räume hinter den Fenstern leer gemacht hat. Einige der Zimmer hatten eine dicke Staubschicht, andere waren noch so, wie ihre Bewohner sie verlassen hatten: Bilder an den Wänden, die Bücher ordentlich im Regal. Es war alles so melancholisch und doch auch faszinierend.«

Jacks Zimmergenosse im Keble College war ein anderer junger Kadett namens Paddy Moore. Er freundete sich mit ihm an, und wenn er etwas Urlaub hatte, fuhr er nicht nach Hause, sondern zu Paddy und seiner Mutter. Als er einen ganzen Monat Urlaub bekam, verbrachte er wieder einen Teil bei Paddy; erst für die letzten beiden Wochen fuhr er nach Irland. Es war ein Schritt, der sein Leben noch tief beeinflussen sollte. Er entfernte sich immer mehr von seinem Vater, der einfach keine Antenne für ihn und seine Bedürfnisse zu haben schien, ja der – wie so viele Menschen in Irland – die Schrecken dieses Krieges kaum wahrzunehmen schien. In Nordirland gab es keine Militärpflicht und keine Rationierungen; der Krieg schien weit weg zu sein.

Im November 1917 schickte Jack seinem Vater ein Telegramm, aus dem klar hervorging, daß er Einschiffungsurlaub hatte und kurz vor seinem Kriegseinsatz stand. Konnte man sich noch einmal treffen, am besten in Bristol? Mr. Lewis, der alles haßte, was sein normales Programm störte, kabelte zurück, daß er das Telegramm nicht verstehe; sein Sohn möge sich bitte genauer erklären. Aber es war zu spät. Jack fuhr an die Front in Frankreich, ohne seinen Vater noch einmal (vielleicht ja zum letzten Mal) gesehen zu haben; noch nicht einmal jetzt hatte Mr. Lewis es für nötig befunden, zu ihm zu kommen ...

Vielleicht war dies der Punkt, wo Jack sich endgültig von seinem Vater abzuwenden und die Liebe und Geborgenheit, die seine Mutter ihm hätte geben sollen, woanders zu suchen begann. Es war um so trauriger, als es kurz vor seinem 19. Geburtstag geschah. Exakt an seinem Geburtstag kam er in den Schützengräben in Frankreich an. Auf der Reise dorthin gab es einen dummen Zwischenfall: In Rouen bestieg Jack mit drei anderen Offizieren in nächtlicher Dunkelheit einen ungeheizten Truppentransportzug, der sie an die Front bringen sollte. Die Beleuchtung bestand aus den Kerzen, die sie dabeihatten, als Toilette dienten die Fenster. Als sie, bereits außerhalb von Rouen, durch einen Tunnel fuhren, gab es einen lauten Rumms, gefolgt von einem heftigen Quietschen, und fort war sie, die Tür ihres Abteils. Mit klappernden Zähnen saßen die vier Männer in der Kälte, bis am nächsten Zwischenhalt der diensthabende Offizier kam und ihnen eine Standpauke wegen groben Unfugs hielt. Dem Mann schien, wie Jack schreibt, »nichts natürlicher zu erscheinen, als daß vier Offiziere (die natürlich alle Schraubenzieher dabei hatten) eine Nachtfahrt mitten im kalten Winter damit begannen, daß sie die Tür ihres Abteils abmontierten«.

Obwohl sein Vater ihn so wenig verstand, schrieb Jack ihm weiter regelmäßig. Er versuchte, die Briefe optimistisch zu halten, vielleicht damit sein Vater sich nicht sorgte. So schrieb er über die Schützengräben:

»Du wirst gespannt auf meine ersten Eindrücke vom Grabenleben sein. Hier ist die Front sehr ruhig, und die Unterstände viel bequemer, als man sich das zu Hause vorstellt. Sie sind sehr tief, man steigt über einen zwanzig Stufen tiefen Schacht hinein. Sie haben eiserne Feldbetten, auf denen man ganz gut schlafen kann, und Öfen zum Wärmen und Kochen. Das Unangenehmste ist eigentlich, daß es leicht zu warm wird, und in der schlechten Luft kriegt man natürlich leicht Kopfschmerzen ...«

In Wirklichkeit war es, wie Jack später zugab, in den Schützengräben »abscheulich«. Oft war man vom Regen naß bis auf die Haut, und außer den Kerzen in den Unterständen gab es kein Licht. Viele der Männer wurden krank.

Doch an dem Abend, als er an der Front ankam, führte man Jack in eine riesige Exerzierhalle, wo etwa hundert andere Offiziere sich auf Bretterlagern für die Nacht fertigmachten. Zwei freundliche Kanadier mittleren Alters, die wohl merkten, wie jung und verunsichert Jack aussah, nahmen ihn sofort unter ihre Fittiche. Das half. Im Laufe der Tage sollte Jack in dem Dreck und Schlamm der Gräben viele Kameraden kennenlernen, die wie er Studenten oder Dichter waren, andere, die Spaßvögel waren, und wieder andere, die einfach ganz normale, freundliche Leute waren. Alles in allem fand er ihre Gesellschaft erheblich besser als die der »Bloods« in Wyvern. Trotz seiner Jugend waren viele ausgesprochen gut zu ihm; so holten ihn in einem Offiziersclub bei Arras zwei wesentlich höhere Offiziere, die ihn

»Sunny Jim« titulierten, an ihren Tisch und boten ihm Brandy und Zigarren an. Inmitten der Hölle dieses Krieges gab es echte Kameradschaft und Freundschaft, standen Männer zueinander.

So manches prägte Jack in dieser Zeit. Zum Beispiel ein junger Mann namens Johnson aus seinem Bataillon, der ihm ein guter Freund wurde. Johnson kam vom Queen's College in Oxford und hoffte, sein Studium nach dem Krieg wiederaufnehmen zu können. Er war kaum älter als Jack, und sie konnten stundenlang miteinander sprechen. Johnson war ein humorvoller, phantasiebegabter, scharfsinniger junger Mann, der dabei war, mitten im Schlachthaus des Krieges zu Gott zu finden. In mancher Hinsicht war sein Verstand so scharf wie der des alten Mr. Kirkpatrick, aber dazu kamen bei ihm die höchsten christlichen Ideale der Wahrhaftigkeit, ja Keuschheit und der völligen Pflichterfüllung. »Keuschheit« bedeutet Reinheit und ist ein altmodisches Wort, das meist auf solche Menschen angewendet wird, die fest glauben, daß die Ausübung der Sexualität nur innerhalb der Ehe gut und richtig ist. Jack fühlte sich geradezu wie ein Heuchler neben Johnson, der sichtlich nicht nur ein netter Kamerad war, sondern ein aufrichtiger, ja guter Mensch, ein Mann »reinen Herzens« und gleichzeitig jemand, in welchem jenes »dichterische Feuer« brannte, das Jack so anzog. Noch nie war es Jack in den Sinn gekommen, daß solche hohen ethischen Ideale, wie Johnson sie verkörperte, auch für ihn die richtigen sein könnten, aber jetzt wurde er nachdenklich. Auf einmal erinnerte er sich wieder an den Glauben, den er verlassen hatte. Johnson hätte gut ein Freund fürs Leben werden können, aber schon bald fiel er. Jack hat ihn nie vergessen.

Nach einiger Zeit erkrankte Jack am Schützengrabenfieber, was ihm eine willkommene Pause in dem Elend des

Frontlebens brachte. An seinen Vater schrieb er: »Schützen-grabenfieber‹ ist ein ominöses Wort, ... aber auf gut englisch bedeutet es nichts, als daß man von den Strapazen des Front-lebens Fieber bekommt. In meinem Fall freilich bekam ich, nachdem man meine Temperatur wieder herunterbekom-men hatte, einen Rückfall und war ein, zwei Tage ziemlich krank.«

Von seinem Krankenbett aus konnte Jack stille Wälder und Wiesen sehen. Das Lazarett lag in einem kleinen Fischerdorf, und als es ihm besser ging, stand er auf den Klippen und schaute auf das Meer hinaus. Vielleicht dachte er an die Küste Irlands und die weiten, wilden, leeren Strän-de von Donegal mit ihren Möwen.

Dort im Lazarett kam ihm durch einen jener Zufälle, die ein ganzes Menschenleben beeinflussen können, ein Buch mit Essays von G. K. Chesterton in die Hand, diesem furcht-losen Autor der ersten Hälfte des 20. Jahrhunderts, der un-ter anderem durch seine Father-Brown-Kriminalgeschichten bekannt geworden ist. Chesterton war ein gläubiger Christ und praktizierender Katholik, aber seine Sprache war so kräftig und vital, so voller Humor, daß Jack bekennen muß-te: »Seine Güte faszinierte mich.« Aber er fuhr gleich fort: »Ich verspürte den Reiz dieser Güte, wie ein Mann den Reiz einer Frau verspürt, die er auf keinen Fall heiraten möchte.« Später hat er augenzwinkernd kommentiert: »Ein junger Mann, der ein guter Atheist bleiben möchte, muß sehr auf-passen, was er liest; der Feind lauert überall.«

Nach drei Wochen wurde Jack für gesund genug be-funden, an die Front zurückzukehren – gerade rechtzeitig zu dem letzten deutschen Großangriff. Die Schrecken die-ser Tage sollten ihn nie mehr verlassen. Es war wie ein Reali-tät gewordener Alptraum. Die Müdigkeit und die bittere Kälte machten die Männer fertig. Manche schliefen auf den

überlangen Märschen ein. So auch Jack; als er wieder aufwachte, marschierte er immer noch. In den Gräben stand
das Wasser kniehoch. Dicke Gummistiefel gaben einigen
Schutz – solange man nicht, wie Jack, auf Stacheldraht trat,
worauf das eisige Wasser gnadenlos in die Stiefel sickerte.
Rundherum um den Neunzehnjährigen lagen Männer in ihrem Blut; manche »bewegten sich noch, wie halb-
zerquetschte Käfer«.

Aber er gab nicht auf, biß die Zähne zusammen. Eines
Tages sah er vor seinen Füßen eine zitternde Maus, die vor
lauter Angst nicht mehr wegrennen konnte. Er sah in ihr
ein Bild von sich selber, »einem armen zitternden Mann«,
der vor dem Feind stand. Er bekam ein ehrfürchtiges Mitleid mit Menschen, die am Rand ihrer Existenz standen.

Eines Tages sah er sich auf einmal einem ganzen Trupp
feldgrauer Männer gegenüber, die in stetigem Schritt auf
ihn zukamen. Deutsche! Er glaubt schon, sein letztes Stünd-
lein habe geschlagen, da sah er, daß sie alle die Hände hoch
erhoben hatten. Es waren an die sechzig deutsche Soldaten,
die sich als Kriegsgefangene ergaben.

Der deutsche Großangriff im März begann mit einem
Artillerietrommelfeuer. Alle zwanzig Sekunden schlug eine
Granate ein, und das den ganzen Tag lang. Und selbst das
war noch nichts, verglichen mit dem Sturm auf die Kanadier, die rechts von Jacks Bataillon standen. Bald sah er überall um sich herum Leichen, und das namenlose Entsetzen,
das ihn als Kind beim Anblick der toten Mutter in ihrem
Bett gepackt hatte, kam mit voller Wucht zurück.

Als junger Offizier wurde Jack von seinem Feldwebel,
Sergeant Ayres, bedient. Ayres umsorgte ihn mit einer fast
schon väterlichen Hingabe. Jack fühlte sich seinem Unter-
gebenen, der ein gestandener Soldat war, hoffnungslos un-
terlegen, aber irgendwie brachte Ayres es fertig, ihre an sich

»so lächerliche und peinliche Beziehung in etwas Schönes zu verwandeln«.

Im April 1918, während des deutschen Angriffs, geschah das Unvermeidliche: Jack wurde getroffen und schwer verwundet – ironischerweise von einer englischen Granate, die ihr Ziel verfehlte. Sergeant Ayres, der neben ihm stand, fand den Tod.

Der Atem wollte Jack stocken in dem Schock dieses Augenblicks, und er glaubte nichts anderes, als daß er selber tot war. Man brachte ihn ins Lazarett. Die Nachricht erreichte schließlich Warren, der hinter der Front lag. Es gelang ihm, Urlaub zu bekommen, um Jack zu besuchen. Als er endlich ankam, begann es Jack langsam besserzugehen. Warren berichtet: »Ich kann gar nicht beschreiben, wie erleichtert ich war, als ich ihn aufrecht im Bett sitzen sah und er mich mit einem aufgeräumten ›Hallo, wußte gar nicht, daß ihr vom Service Corps so nahe an die Front dürft!‹ begrüßte.«

Für Jack war der Krieg vorbei, aber die furchtbaren Erinnerungen sollten ihn den Rest seines Lebens plagen. Als ein zweiter Weltkrieg kurz bevorstand, schrieb er: »Die Erinnerungen an den letzten Krieg haben mich jahrelang im Traum verfolgt. Das Fleisch ist schwach und selbstsüchtig, und ich glaube, der Tod wäre viel besser, als noch einmal solch einen Krieg durchmachen zu müssen.«

Kapitel 10

Der Angelhaken

Schließlich war Jack so weit wiederhergestellt, daß man ihn in ein Krankenhaus in London verlegen konnte. Er fühlte sich noch recht schwach und hatte großes Heimweh, vor allem nach seinem Vater. Er schrieb ihm einen Brief, der das Herz jedes normalen Menschen angerührt hätte. Er erwähnte seinen Wunsch, zur weiteren Genesung nach Irland geschickt zu werden, und wie unwahrscheinlich dies war, und fuhr fort:

»Aber wo ich auch bin: Ich weiß, Du wirst mich besuchen. Du weißt ja, daß es mir schwerfällt, von den tiefsten Dingen zu reden; das liegt an unserer Generation und an den englischen Schulen. Aber bestimmt wirst Du es mir abnehmen, daß ich mich noch nie so sehr nach unserem alten Leben zu Hause gesehnt habe und danach, Dich zu sehen. Ich weiß, daß ich oft ganz und gar nicht das war, was ich in meiner Beziehung zu Dir sein sollte; ich habe zu wenig Augen gehabt für eine Zuneigung und Großzügigkeit, die ich jetzt, wo ich ›anderer Leute Eltern‹ kennengelernt habe, in einem neuen Licht sehe. In Zukunft will ich mich, so Gott will, bessern. Der langen Rede kurzer Sinn: Bitte komm; ich habe solches Heimweh.«

Wie Warren später kommentierte: »Man hätte es nicht für möglich gehalten, daß es einen Vater geben konnte, der sich einem solchen Hilferuf verschloß.« Aber Mr. Lewis war ein merkwürdiger Mann, der jede kleine Unregelmäßigkeit im Ablauf seines Alltags haßte. Jack, der doch gewissermaßen die hilflose Hand eines Kindes ausgestreckt hatte, das sich verlaufen hat, war zutiefst getroffen, als sein Vater keine Anstalten machte, ihn zu besuchen. Inzwischen hatte er ihm auch geschrieben, daß sein Freund Paddy Moore vermißt und fast mit Sicherheit gefallen war.

Als nächstes verlegte man ihn in ein Genesungsheim bei Bristol. Sicher würde sein Vater ihn hier besuchen kommen? Seine Briefe wurden verzweifelt: »Jetzt ist es vier Monate her, daß ich aus Frankreich zurück bin, und meine Freunde meinen schon scherzhaft, daß es meinen ›Vater in Irland‹ gar nicht gibt.«

Oft spazierte er durch den Park des Sanatoriums, ein Einzelgänger unter den lauten jungen Männern, die sich die Zeit mit Billard vertrieben. Der endlose Mißklang aus lautem Gelächter, Rufen und schrägem Pfeifen ging ihm auf die Nerven. Weiter draußen war ein Wildpark. Jack liebte die ländliche Ruhe, und manchmal sah er durch das Farnkraut das Geweih eines Hirsches, der ihn ansah, bevor er sich umdrehte und davonsprang. Er fühlte sich richtig verlassen von seinem Vater. Andere junge Männer waren förmlich umzingelt von erleichterten Verwandten. Wie viele Mütter mochte es geben, die sich Sorgen um ihre Söhne machten? Und er ... er hatte schon so lange keine mehr.

Aber einen Lichtblick gab es in dieser Zeit. In einem weiteren Brief teilte er seinem Vater mit, daß eine Gedichtsammlung von ihm mit dem Titel *Spirits in Bondage (Gefangene Geister)* von dem berühmten Heinemann-Verlag zur Publikation angenommen worden war. Würde sein Vater wenigstens stolz auf ihn sein? Jack war persönlich in London gewesen und hatte den großen Mr. Heinemann besucht, der sich als »ein kleiner dicker alter Glatzkopf« entpuppte, »offenbar recht belesen und ein wenig pingelig«.

Heinemann hatte Jack eröffnet, daß der große Romancier John Galsworthy, Autor der *Forsyte Saga,* eines von seinen Gedichten in einer neuen Zeitschrift abdrucken wollte. Was für eine Ehre!

Die ganze Zeit glaubte Jack nichts anderes, als daß man ihn, wenn er genügend wiederhergestellt war, zurück an die Front schicken würde. Doch dazu kam es nicht mehr. Im November 1918 schleppte der Krieg sich an sein Ende, der Waffenstillstand wurde unterzeichnet. Vier Jahre lang waren junge Männer, viele fast noch Jungen, hingeschlachtet worden, fast eine ganze Generation war ausgelöscht. England hatte gewonnen und doch verloren. Jetzt galt es, wieder zurück zu so etwas wie einem normalen Leben zu finden. Doch die furchtbaren Erinnerungsbilder hatten sich vielen unauslöschlich eingebrannt.

Endlich kam der Tag, wo Jack wieder gesund war und zurück nach Irland konnte, wo Warren zu ihm stieß. Jack war in Hochstimmung, überglücklich, wieder frei zu sein. Zum ersten Mal in ihrem Leben tranken Vater und Söhne gemeinsam Champagner, zur Feier der gesunden Rückkehr. Es war ein oberflächliches Glück; Jacks innere Wunden gingen zu tief. Aber er schrieb weiter regelmäßig nach Hause und erwähnte sie nicht.

Bald war Jack wieder in Oxford. Eine unwirkliche Nachkriegsstadt empfing ihn. An seinen Vater schrieb er: »Es ist ein etwas klägliches Wiedererwachen. In unserer ersten Studentenversammlung wurde das Protokoll der letzten verlesen – von 1914.« Viele Plätze waren leer.

Eine willkommene Neuerung gab es: Kriegsveteranen waren von der ehemals obligatorischen »Responsions«-Aufnahmeprüfung befreit. Wie Warren scherzhaft meinte, war dies möglicherweise Jacks Rettung, denn in Mathematik hätte er nie und nimmer bestanden. Am Ende dieses ersten Studienjahres legte Jack ein Qualitätsexamen in Altphilologie und Philosophie ab.

Während dieses Studienjahres nahm ein Verhältnis, das Warren recht beunruhigend fand, Gestalt an. Schon als Soldat hatte Jack, wenn er Urlaub hatte, mehrfach statt seines Vaters die Mutter von Paddy Moore besucht. Nachdem sein Vater ihn nicht im Krankenhaus besucht hatte, suchte er in Mrs. Moore immer mehr eine Ersatzmutter, die ihm »die Liebe geben sollte, die ihm zu Hause offensichtlich versagt blieb«, wie Warren es ausdrückte. Als das erste Studienjahr vorbei war, nahm er sich keine Studentenwohnung, wie das im zweiten Jahr eigentlich üblich war, sondern zog zu Mrs. Moore und ihrer Tochter Maureen. Es ist nicht ganz klar, wie es dazu kam. Vielleicht hatte Mrs. Moore ihm, bevor er an die Front ging, jene besorgte Zuneigung geschenkt, wie sie jede Mutter hat, und als dann die Nachricht von Paddys Tod kam, mag sie sich in ihrer Trauer an Jack, seinen engsten Freund, gewandt haben. Vielleicht – das ist sogar wahrscheinlich – hatte Jack Paddy auch versprochen, sich um seine Mutter zu kümmern. Aber was immer auch der Grund war, Jack begann eine komplizierte und schwierige Beziehung zu Mrs. Moore, die mit der Zeit äußerst anspruchsvoll und eifersüchtig wurde. Doch ohne Zweifel hatte er eine tiefe Zuneigung zu ihr. Er fing an, sie »Mutter« zu nennen und ließ nicht jeden Fremden wissen, daß sie gar nicht seine Mutter war.

Warren hatte kein Verständnis für dieses Verhältnis. Für ihn hing Jack am Gängelband von Mrs. Moore. Er beschrieb sie bitter so:

»Eine Frau von sehr beschränktem Geist, von Natur aus herrisch und eifersüchtig. Sie schraubte seine Besuche bei seinem Vater auf ein Minimum herab, mischte sich ständig in seine Arbeit ein und benutzte ihn als Mädchen für alles.

In zwanzig Jahren habe ich nie ein Buch in ihrer Hand gesehen, und ihr Hauptgesprächsthema war sie selber. ... Mein Vater durfte von all dem natürlich nichts erfahren, was den Riß zwischen ihm und Jack noch tiefer machte; und da eine Beihilfe, die für einen im College lebenden Junggesellen gedacht war, für einen richtigen Haushalt natürlich nicht ausreichte, war Jack bitterarm.«

Jack selber erwähnt in seinem Tagebuch mit einiger Irritation, was er alles an Hausarbeiten zu erledigen hatte. Hier der Eintrag eines Tages: »Kurz vor sieben aufgestanden, den Kamin gesäubert und Feuer gemacht, Tee gekocht, im Wohnzimmer ›aufgeräumt‹, Toast gemacht, gebadet, rasiert, gefrühstückt, abgewaschen, den Kochschinken aufgesetzt, nach halb zehn gegangen ..., nach dem Mittagessen wieder abgewaschen.« Er kann es damals noch nicht geahnt haben, was er sich da für wie lange aufgehalst hatte.

Er führte jetzt gewissermaßen ein Doppelleben. Da war das Leben »zu Hause« (mit Mrs. Moore und ihrer Tochter), und da war das rundherum glückliche Leben auf der Universität, umgeben von brillanten Freunden, Männern von geistigem Format, die mit ihm redeten und diskutierten und die jeder auf seine Art seine Zukunft prägten, indem sie ihn mit ihren Ansichten nach und nach zum Nachdenken über seine Weltanschauung brachten.

Da war zum Beispiel ein junger Mann namens A. Hamilton Jenkin, dessen Bücher über Cornwall berühmt werden sollten. Von ihm lernte Jack, sich in die Atmosphäre jedes Ortes, wo er war, hineinzufühlen, selbst in dem Dreck und der Häßlichkeit etwa einer grauen Industriestadt Größe und Schönheit zu finden und in allen Dingen etwas Wertvolles zu suchen.

Einer, mit dem Jack fast jeden Abend heftig diskutierte, war Owen Barfield. Jack nannte ihn sein »Gegen-Ich«; einem amerikanischen Freund schrieb er: »Es ist Barfield unmöglich, über etwas zu reden, ohne es zu erhellen.«

A. C. Harwood war ein junger Mann, der Jack mit seinem heiter-ausgeglichenen Wesen beeindruckte. Jack nannte ihn »einen Mann, den nichts erschüttern kann«, und hatte eine ehrliche Bewunderung für seinen ruhigen Mut.

Daß alle seine Freunde »gute« Menschen im besten Sinne des Wortes waren, konnte Jack sehr nachdenklich machen. Ihre hohen Werte und Maßstäbe beeindruckten ihn; sie alle glaubten, daß ein volles, glückliches Leben nicht möglich war ohne Wahrhaftigkeit, Selbstbeherrschung, Gemeinsinn und gutes Benehmen.

Jack bewunderte sie so sehr, daß er sagen konnte: »Im Prinzip akzeptierte ich ihre Maßstäbe, und vielleicht (aber daran erinnere ich mich nicht so gut) versuchte ich sogar, sie in die Tat umzusetzen.«

Verschiedene Begebenheiten wirkten auf Jacks innere Entwicklung ein. So mußte er zwei Wochen bei einem lieben Freund verbringen, der dabei war, im Wahnsinn zu versinken. Da mußte der immer schon sensible Jack mit aller Kraft jemanden festhalten, der von Teufeln und Höllenfeuern schrie. Der Mann hatte sich mit Spiritismus, Yoga und Okkultismus beschäftigt. War das vielleicht der Grund für seinen Wahnsinn? Jack war zutiefst getroffen. Wäre dieser Freund doch nur normal geblieben und hätte die Finger gelassen von diesen törichten Spekulationen über die Geisterwelt! Jack nahm es als Warnung an sich selber, war er doch auch schon ähnlich versucht gewesen: »Sicher ist sicher, dachte ich. Ab jetzt nur noch der breite Weg, die bekannte Straße, ja die Mitte der Straße und alle Lichter an.« Seine Liebe zur Mythologie und Magie und seine Spekulationen über das Okkulte bekamen einen tüchtigen Dämpfer.

Das zweite und dritte Studienjahr brachten Jack, wie er später in *Überrascht von Freude* berichtete, »mehr Unglück und Sorgen«. Es besteht wohl wenig Zweifel, daß dies mit seinem Leben bei Mrs. Moore und ihrer Tochter Maureen zu tun hatte. Aber die Universität brachte ihm weiter tiefe Befriedigung. Er hatte vor, nach Abschluß seines Studiums selber Dozent zu werden. Inzwischen kam eine neue Studentengeneration nach Oxford – junge Männer, die direkt von der Schule kamen und die Schrecken des Krieges nicht am eigenen Leib erfahren hatten. In einem Brief an seinen Vater schreibt Jack: »Wir sind alt und desillusioniert … und kommen nur noch selten aus unseren Löchern hervor; die jungen Männer, die in ihren feinen Kleidern frisch von der Schule zu uns kommen, halten uns glatt für Fensterputzer, wenn sie uns sehen.«

Jacks großer Erfolg in seinem zweiten Jahr war, daß er mit einem Essay den Kanzlerpreis (Chancellor's Prize) gewann. In seinem College-Alltag wird er wohl am meisten die angeregten Gespräche mit seinen Freunden genossen haben, die seinen Geist scharf und wach hielten. Gerne machte er auch lange Spaziergänge und Radwanderungen durch die Umgebung von Oxford, die er in den Briefen an seinen Bruder oft mit großer Lebendigkeit und manchmal Humor beschreibt. So schreibt er im Sommer 1921:

»Wir fuhren einen langen Hügelkamm entlang, von dem aus man in ein schönes, baumbestandenes englisches Tal schaute, mit der schlanken, von Kalkstein geprägten Kette der Chilterns … am Horizont. Es war ein grauer, wolkenverhangener Tag. Als die ersten Regentropfen kamen, sahen wir einen jungen Mann ein Feld durchqueren, der aussah, als ob er zu seiner Hinrichtung ging. Er entpuppte sich als ein gewisser Smith vom University College, der mittlerweile in einem hochanglikanischen Seminar in dem Nachbardorf

Cuddesdon einsitzt. Gerne hätte er uns zum Tee eingeladen, aber er durfte nicht. Genaugenommen hätte er gar nicht mit uns reden dürfen, denn sie hatten gerade ihren *Tag der Stille!* Bei den Göttern! Ein ganzer Haufen junger Männer zusammen eingesperrt, damit sie über ihr Seelenheil nachgrübeln – ist das nicht furchtbar?«

Aber auch mit seinen eigenen Freunden sollte Jack große Überraschungen erleben. Es geschah etwas, was ihn »mordsmäßig schockierte«: Owen Barfield und A. C. Harwood wurden Anhänger der Lehren des deutschen anthroposophischen Philosophen Rudolf Steiner. Vieles an Steiners Gedankengut war tief christlich geprägt, obwohl sein Werk alle Aspekte des Lebens umfaßte, einschließlich Theorien über Landwirtschaft und Erziehung und vieles andere. Harwood eröffnete Jack, daß Steiner »ihm die Last vom Rücken genommen« hatte. Die beiden jungen Männer schienen eine ganz neue Freiheit zu genießen. Jack fühlte sich wie im Stich gelassen von ihnen, und von Stund an hatte er pausenlose Diskussionen mit Barfield – keinen Streit, sondern, wie Jack es nannte, einen »großen Krieg«. Später hat er bekannt, daß dies einer der Wendepunkte in seinem Leben war: »Alles, was ich mit soviel Mühe aus meinem Leben zu entfernen versucht hatte, schien mir in meinen besten Freunden erneut entgegenzutreten.«

Jack hatte den Eindruck, daß er gegen seinen Willen zu eben den Glaubenssätzen zurückgeführt wurde, die er vor Jahren so gründlich verworfen hatte. Denn Jack war von einer rücksichtslosen Ehrlichkeit. Ihm ging es um die Wahrheit, weniger genügte ihm nicht. Ganz allmählich und zögernd begann er zu glauben, daß es möglicherweise einen »absoluten Geist« hinter dem Universum gab, der »so etwas wie der Himmel war«. Tag um Tag diskutierte er, Tag um Tag hatte er das Gefühl, daß etwas ihn langsam von seiner alten Position wegzog, auch wenn er keinen Schimmer hatte, wohin er da gezogen wurde. In einem unvergeßlichen Bild hat er diese Tage so beschrieben: »Und so spielte der große Angler mit seinem Fisch, und ich merkte gar nicht, daß der Haken schon in meiner Zunge war.«

Kapitel 11

Erfolg

1922 legte Jack sein Abschlußexamen (»Greats«) in Altphilologie und Philosophie mit »Sehr gut« ab. Diese hervorragende Leistung brachte ihm jedoch keine Stelle an der
Universität, obwohl er sich um mehrere bewarb. Er mußte
zusehen, wie andere erfolgreicher waren als er, und sah es
schon halb kommen, daß er den Beruf, den er so leidenschaftlich liebte, nie würde ergreifen können.

Mrs. Moore und ihre Wünsche hatten offenbar auch jetzt
großen Einfluß auf ihn. Als er sich Hoffnungen auf einen
Posten an der Universität Reading machte, verzeichnete er
in seinem Tagebuch: »Habe am Abend meine Pläne mit
Mrs. Moore besprochen. Soll ich nach Reading oder nicht?
Sie war so darauf bedacht, mich nicht in meiner Entscheidung zu beeinflussen, daß ich nicht sicher war, was ihre
Wünsche sind – und was meine sind, das weiß ich auch
nicht.«

Eines geht aus Jacks Bemerkungen über Mrs. Moore
klar hervor, damals wie später: Er hatte viel Geduld und
Mitgefühl mit ihr. Er war ein zu guter Mensch, um die
Last, die er da auf sich genommen hatte, abzulegen. Manchmal scheint sie ihn bis zum Gehtnichtmehr strapaziert zu haben, aber soweit bekannt, klagte er nie, noch nicht einmal
gegenüber seinen engsten Freunden.

Man riet ihm schließlich, noch ein viertes Jahr an der
Universität zu bleiben, um englische Literatur zu studieren,

was ihm eine exzellente Ausgangsposition für künftige Bewerbungen verschaffen würde; sein Stipendium könne noch einmal verlängert werden. Aber konnte er sich ein viertes Jahr finanziell wirklich leisten? Er schrieb ratsuchend an seinen Vater: »Fallst Du meinst, daß dies etwas gar zu viel ist und meine Ausbildung schon lange genug gedauert hat, dann sage es mir frank und frei.« Bald konnte er vermerken: »Mein geduldiger Vater hat mir ein viertes Jahr in Oxford angeboten.« Seine Dankbarkeit war echt. Ein ganzes Jahr lang englische Literatur und Sprache studieren zu können, war ihm das reinste Vergnügen, und er beschrieb seinem Vater in übersprudelnden Briefen, wie es ihm dabei erging. Er mußte jetzt Altenglisch lernen und las mit großer Faszination die uralten Worte von König Alfred. Über eine Sitzung mit seiner Tutorin schrieb er: »Den Großteil meiner Stunden bei ihr verbringe ich damit, die diversen Glucks-, Knurr- und Grunzlaute nachzumachen, ohne die man Alfreds Prosa angeblich nicht lesen kann.«

Hier in der Abteilung für Englisch gewann er einen neuen Freund, Neville Coghill. Jack merkte rasch, daß er der intelligenteste und bestinformierte Student im Seminar war. Er war geistreich und schlagfertig, dabei aber nie gemein, und hatte all jene altmodischen Tugenden, die Jack mit dem Begriff »ritterlich« verband. Jack fühlte sich sofort zu ihm hingezogen, und es entspann sich eine lebenslange Freundschaft. Aber – welch Schreck! – Neville war ein überzeugter Christ. Viele Jahre später erinnerte sich Professor Coghill an das erste Kennenlernen und wie sie zusammen ihre Wanderungen durch die Umgebung von Oxford machten: »Wir trafen uns in unseren Zimmern oder gingen auf lange Spaziergänge und unterhielten uns endlos und leidenschaftlich darüber, was wir in der zurückliegenden Woche gelesen hatten.« Er schildert, wie Jack »plötzlich aus voller Kehle einen

Abschnitt aus einem Gedicht, das er gerade entdeckt und auswendig gelernt hatte, aufsagte«, wobei seine sonore Stimme »so genießerisch klang, als koste er einen edlen Wein«. Und er schreibt weiter, was das Leben in Oxford den beiden jungen Männern bedeutete:

»Wir waren restlos glücklich bei unserer Arbeit, unsere Energie schien unerschöpflich. Und warum hätten wir nicht glücklich sein sollen? Wir waren wohlbehalten aus einem Krieg herausgekommen, der (wie wir damals glaubten) das Ende aller Kriege bedeutete. Wir hatten die Schützengräben überlebt, der Alptraum war vorbei. ... Wir schienen das gleiche zu erleben wie einst Odin und seine göttlichen Gefährten, als sie nach ihrer langen Dämmerung zurückkehrten: Sie sahen ihre goldenen Schachfiguren so im Gras liegen, wie sie sie verlassen hatten, und sie setzten sich und spielten weiter.«

Jack wurde um diese Zeit nicht nur mit dem Christsein von Neville Coghill und anderen Freunden konfrontiert, sondern mußte nicht ohne Bestürzung erkennen, daß die Autoren, die ihm am meisten bedeuteten, ebenfalls Christen waren. Angefangen hatte es mit George MacDonald, dem Dichter und Romanschriftsteller des 19. Jahrhunderts und Autor von *Phantastes*, der Jack weiter tief bewegte. Die Gedichte des großen John Donne, der im 17. Jahrhundert Dekan an der St. Paul's Cathedral in London war, »machten mich trunken«, wie er es ausdrückte. Ich glaube, Donnes eigener Seelenkampf ließ eine Saite in Jack anklingen. Vielleicht packten Verse wie diese, aus *Eine Hymne an Gott den Vater* ihn mit ihrer nackten Aufrichtigkeit:

Vergibst Du mir die Sünd, die ich begann,
Die meine ist, tat man sie auch vorher?
...

Und jene Sünde, die ich tat in Bann
Ein Jahr, doch wälzt in ihr viel mehr?
Hast Du's getan, ist's nicht getan,
Denn ich hab mehr.

Ich hab die Sünde Angst – daß, wenn ich spann
Den letzten Faden, ich versink im Meer.
Schwör bei Dir selbst, daß mir im Tod Dein Sohn
Erglänzen wird, wie jetzt und je vorher.
Ist das getan, dann ist's getan,
Ich fürcht nicht mehr. [*]

Dichtung – das ist gewissermaßen konzentriertes Denken.
Sie spricht direkt zu unserer Seele. Wer schon einmal von
George Herbert, dem englischen Landpfarrer, der 1632 mit
nur 39 Jahren starb, gehört hat, der wird verstehen, warum
seine Gedichte Jack so tief anrührten wie fast keine anderen:
»Hier war ein Mann«, schrieb er, »der es besser als alle anderen Autoren, die ich je gelesen hatte, verstand, das Leben,
wie wir es von Augenblick zu Augenblick leben, in seinem
ganzen Wesen lebendig werden zu lassen.« Wenn »dieser
elende Mensch« nur nicht die Formen der »christlichen Mythologie« benutzt hätte ... Denn für Jack war das Christentum nach wie vor ein Mythos. Herberts Gedichte »Der Kra-
gen« und »Liebe« enthüllen uns etwas davon, was für ein
Mensch er war: in mancher Hinsicht so sehr wie Jack Lewis
– rebellisch und doch zur Anbetung bereit, einer, der vor
dem Guten floh und doch zuinnerst suchte, einer, der es
haßte, sein Leben und seine Unabhängigkeit Gott zu über-

[*] Deutsche Übersetzung aus: John Donne, *Mythologische Dichtungen,*
aus dem Englischen übertragen von Werner Vordtriede, Insel-Ver-
lag, 1961, S. 89.

geben, und der doch in Gottes Dienst eine »vollkommene Freiheit« fand. Er war ein Petrus, zutiefst liebenswürdig, und Jack fühlte sich durch seine Gedichte unwiderstehlich zu ihm hingezogen. Neben solchen Männern waren die atheistischen Autoren wie Voltaire, H.G. Wells und George Bernard Shaw blaß und grau, und Jack begann mit einem Autor des Mittelalters zu sagen: »Sie liegen falsch, die Christen, aber die anderen sind alle Langeweiler.«

Neville Coghill hat Jack um diese Zeit mit diesen Worten beschrieben:

»Ein ziemlich großer, unathletisch aussehender Mann, schwer, aber nicht hochgewachsen, mit einem etwas runden, leicht geröteten Gesicht, das leicht schwitzte und dessen Haut bei näherem Hinsehen ein Netzmuster aus winzigen Äderchen zeigte. Er hatte einen dunklen Haarschopf und ziemliche Tränensäcke unter den Augen. Diese Augen gaben dem Gesicht Leben, sie waren groß und braun und ungewöhnlich ausdrucksvoll. Der Gesamteindruck war der einer milden, schlichten Kräftigkeit, und über allem lag eine geradlinige Männlichkeit, eine ins Gedankliche hinein absorbierte Virilität. Im Gegensatz zu den meisten seiner Altersgenossen schien er keine sexuellen Probleme zu kennen oder zumindest nicht das Bedürfnis zu haben, über sie zu sprechen.«

Neville Coghill hat es vielleicht nicht gewußt, aber Jack hatte seine sexuellen Erfahrungen gemacht; er selber sagte, daß er damals »so amoralisch dachte, wie es nur menschenmöglich war«. Aber er hatte erkannt, daß die Menschen, die sich einbilden, »daß man, würde man nur jedem Heranwachsenden eine passende Geliebte geben, bald nichts mehr von ›unmoralischen Begierden‹ hören würde, ganz einfach falsch liegen. Daß dieser Fehler ein Fehler ist, lernte ich schlicht und einfach und unanständig dadurch, daß ich ihn wiederholt machte.« Mit anderen Worten: Die Sehnsucht nach echter Freude und Erfüllung ließ sich durch Sex nicht stillen. »Man könnte genausogut einem Verdurstenden ein Lammkotelett anbieten, wie die Sehnsucht, die ich meine, mit sexueller Lust befriedigen zu wollen. ... Freude ist kein Ersatz für Sex, aber Sex ist sehr oft ein Ersatz für Freude. Manchmal frage ich mich, ob nicht sogar alle Vergnügungen ein Ersatz für Freude sind.«

Am Ende dieses Studienjahres bestand Jack Lewis sein Englischexamen mit Auszeichnung. Er hatte jetzt ein doppeltes Prädikatsexamen – eine Qualifikation der Sonderklasse. Das University College bot ihm daraufhin eine befristete Anstellung als Tutor an, und ihm Frühjahr des folgenden Jahres (1925) wurde er gegen starke Mitbewerberkonkurrenz ein Fellow (Dozent) des Magdalen College. Der Posten war zunächst auf fünf Jahre befristet, aber er sollte bis 1954 bestehen und den größten Teil seines Berufslebens ausfüllen.

Der Kampf war vorbei, er hatte die »uneinnehmbare Festung Universität« eingenommen. Aber als erstes schrieb er seinem Vater und dankte ihm für seine großzügige Unterstützung in all den Jahren:

»Als erstes laß mich Dir vom Grunde meines Herzens danken für die großzügige Unterstützung, die Du mir sechs Jahre gewährt hast und die allein es mir ermöglicht hat, bis zur Stunde durchzuhalten. ... Wie geduldig hast Du gewartet, ohne je zu klagen, ja voller Ermutigung, als eine Chance nach der anderen zerstob und das Ziel immer ferner zu rükken schien. Danke und nochmals danke ... Die Stelle ist eine runde Sache: ein Anfangsgehalt von 500 Pfund pro Jahr, ›nebst Dienstwohnung im College, Pension und Essensbeihilfe‹.«

Das Tragische in diesen Jahren war, daß Vater und Sohn, so sehr sie einander auch am Herzen lagen, nicht recht miteinander reden konnten. Der Vater konnte auf Jacks warmherzige Liebe nur mit praktischer Hilfe antworten – aber die hatte er großzügigst gewährt.

Kapitel 12

Das Ende vom Anfang

Im Leben der älteren englischen Universitäten sind jahrhundertealte Traditionen wach geblieben. Sie sind voller Farbe und Sinn, und würden sie abgeschafft, wäre das Leben ärmer. Aber dem modernen Menschen erscheinen sie oft fremd.

Der neue Fellow des Magdalen College wurde 1925 feierlich in die Fakultät aufgenommen. Jack hat die Zeremonie in einem Brief an seinen Vater beschrieben. Er wurde in einen Raum geführt, in welchem alle Fellows versammelt waren. Der Rektor hielt eine vielleicht fünfminütige lateinische Ansprache, dann mußte Jack auf einem roten Kissen vor ihm niederknien, worauf der Rektor seine Hand nahm, ihn zurück auf die Füße stellte und ihm sagte: »Ich wünsche dir Freude.« Jack erwähnt nicht ohne Humor, wie er beim Aufstehen von dem Kissen über seinen Talar stolperte. Anschließend mußte er um den Tisch, an dem die anderen Fellows saßen, herumgehen, und jeder schüttelte ihm die Hand und wiederholte: »Ich wünsche dir Freude.«

Er hatte jetzt eine prächtige Wohnung im College, die er in einem Brief an seinen Vater genau beschrieb. Von dem großen Wohnzimmer aus schaute er in den alten Wildpark des Colleges. Ein kleineres Wohnzimmer und das Schlafzimmer waren mit Blick auf den Kreuzgang und den Turm. Die Dozenten am Magdalen College waren umgänglich, die Atmosphäre weniger steif als am University College. Jack selber war wie geschaffen für das Leben eines Oxford-Dozenten. Dies mag überraschen, zieht es junge Leute doch oft eher hinaus in die Welt mit ihren Abenteuern. Aber Jack Lewis hatte eine innere Zufriedenheit, die teils von den Abenteuern des Geistes herrührte, teils von der Entdeckerfreude an dem, was andere Menschen im Laufe der Zeiten gesagt und geschrieben hatten. Man vergißt es leicht, das bekannte Sprichwort, daß »die Feder mächtiger ist als das Schwert«. Noch wußte Jack es nicht, aber bald würde er mit seiner Feder Tausende von Menschen erreichen, nicht nur in Großbritannien, sondern in der ganzen Welt.

Jene ersten Jahre in Oxford waren Jahre tiefen Nachdenkens, wenn er nicht seine Vorlesungen und Seminare hielt. Er war stets offen für die Gedanken und Lehren anderer Menschen, ob er sie nun persönlich als Freunde kannte oder ihre Schriften las, und er war an dem Punkt angelangt, wo er spürte, daß Gott, wenn es ihn denn gab, ihn unablässig verfolgte. Wie er es in einem Bild ausdrückte: »Mein Gegner begann seine letzten Züge zu machen.« Er verglich seine Lage mit der eines Schachspielers, dessen Stellung nicht mehr zu halten ist. Aber das Spiel zog sich über Monate und Jahre hin, und die Züge kamen langsam und wohlbedacht.

In diesen ganzen Jahren freute er sich seiner Freunde, die gerne lachten und diskutierten. Auf seinen regelmäßigen Ausflügen und Wandertouren war er ein exzellenter Gefährte. Wenn wir Warren glauben dürfen, hatte er in höchstem Maße die Gabe der Freundschaft, und zwar einer Freundschaft von der übersprudelnden Sorte. Er liebte Streitgespräche, ohne dabei jedoch zänkisch zu werden.

Bald traf sich donnerstags nach dem Dinner in seinen Räumen im Magdalen College ein literarischer Freundeskreis von zum Teil hochkarätigen Männern, die einander aus ihren Werken vorlasen. Der Zirkel wurde unter dem Namen »The Inklings« bekannt. Selbst hochbegabte Gelehrte fanden es strapaziös (wenn auch auf die angenehme Art), den Inklings ihre neuen Manuskripte vorzulesen, weil die Zuhörer alsbald dazu übergingen, das neue Werk ebenso ehrlich wie schonungslos zu analysieren.

In den späteren Jahren der Inklings las J. R. R. Tolkien seine neuesten Kapitel aus dem heute so bekannten *Herrn der Ringe* vor. Jack Lewis wurde bald für seinen brillanten, schlagfertigen Scharfsinn und sein messerscharfes Argumentieren bekannt.

Alles war neu und frisch für Jack in den ersten Jahren am Magdalen College. In lebhaften Farben beschrieb er das Arbeiten in der altehrwürdigen Oxforder Bibliothek, der Bodleian Library, die einen auf eine Reise in die Vergangenheit mitnahm. Er liebte das Schild mit der Aufschrift »Sprich wenig und geh auf den Zehenspitzen«. Oft saß er im ältesten Teil der Bibliothek, der aus dem 15. Jahrhundert stammenden Duke Humphrey's Library, in einer der kleinen von Bücherwänden umgebenen Nischen, wo er über sich »eine sehr schöne bemalte Holzdecke« hatte und zur Linken »ein kleines Sprossenfenster, durch das ich in den Garten des Exeter College hinabsehen kann, wo an diesen Frühlingsvormittagen plötzliche Windstöße und Regengüsse die ersten Blüten von den Obstbäumen fegen und auf den Rasen schneien lassen«. Ja, er verstand es, mit wenigen, wohlgewählten Worten kleine Alltagsszenen zum Leben zu erwecken.

Was er auch las, war ihm bedeutsam. Da ihn selbst die kleinsten Einzelheiten des Lebens interessierten, waren ihm die Briefe des Dichters Cowper eine faszinierende Lektüre:

»Cowper hat nichts – buchstäblich nichts – zu berichten; ein Privatleben in einer verschlafenen Kleinstadt, wo das pietistische Mißtrauen gegenüber der ›Welt‹ ihm selbst die kärgliche Gesellschaft versagte, die die Stadt ihm hätte bieten können. Und doch liest man einen ganzen Band seiner

Briefe, ohne müde zu werden. Wie ihm beim Essen ein Zahn ausfällt, wie er einen Verschlag für einen zahmen Hasen bastelt, was er mit seinen Gurken macht – all dies macht er zu einer Haupt- und Staatsaktion, daß man das Buch nicht zuklappen kann ...«

Da auch Jack selber dieses Talent hatte, selbst die kleinsten Dinge des Lebens bedeutsam werden zu lassen, sind seine Briefe aus dieser Periode höchst lesenswert. Jedes kleine Ereignis durchlebte er gleichsam mit vollem Bewußtsein. Nichts war unwichtig für ihn. Er war voller Vitalität, voller Offenheit für alles und jeden, und die Menschen, die ihn kannten, erwähnen alle seine unerhörte Begeisterung für seine Arbeit. Es war ein Erlebnis, mit ihm zusammenzusein, und in seinen Schriften werden die Menschen und Begebnisse so recht lebendig.

In *Überrascht von Freude* berichtet er ein Erlebnis, das er zu jener Zeit bei der Lektüre von Euripides' *Hippolytos* hatte: Das alte, so lange vergeblich gesuchte Gefühl der »Freude«, die alte Sehnsucht kam zurück. Diesmal war es, als ob er einen Schatten sah, den Schatten einer letzten, unaussprechlichen Schönheit, und mit ihm kam der unbezähmbare Wunsch, zu seinem Ursprung vorzudringen. »Plötzlich lag die trockene Wüste hinter mir, ich war wieder im Land der Sehnsucht, das Herz wieder zerbrochen jubilierend, wie seit den Tagen in Bookham nicht mehr.« Aber als er weiter suchte, begann er zu erkennen, daß das, was er da immer »Freude« genannt hatte, nur ein Muster war, eine von der eigentlichen »Freude« hinterlassene Spur – oder »nicht die Welle selber, sondern ihr Abdruck im Sand«. Alles schien ihm zu sagen: »Ich bin's nicht, ich bin nur ein Zeichen. Schau her! An was erinnere ich dich?«

Und Jack erkannte, daß er ja nach etwas suchte, was ganz außerhalb von ihm lag – nach der wahren Quelle der »Freude«. Langsam begann er an einen Gott zu glauben – einen unpersönlichen Gott, einen Geist hinter dem Universum. Daß es möglich sein konnte, eine persönliche Beziehung zu diesem Gott zu haben, glaubte er nach wie vor nicht.

In diesen Jahren erkrankte sein Vater schwer an Krebs. 1929 wurde es offensichtlich, daß er nicht mehr lange zu leben hatte, und Jack fuhr nach Irland, um bei seinem Vater zu sein. Da Warren gerade in Shanghai war, fiel die ganze Last der Krankheit des Vaters auf Jacks Schultern. Die Besuche zu Hause in Irland waren für ihn immer erinnerungsschwer. Einem seiner engsten Freunde, Owen Barfield, schrieb er: »Jedes Zimmer ist voll von den Gespenstern meiner Kindheit – den scheußlichen ›Streitereien‹ mit meinem Vater, den scheußlichen ersten Schultagen nach den Ferien – und auch von den alten Vergnügungen einer ungewöhnlich schändlichen Pubertät.«

Und doch wurde er, wie er da Tag um Tag am Krankenbett seines Vaters saß, von Mitleid erfüllt – Mitleid für den Vater und das so graue, einsame Leben, das er seit dem Tod seiner Frau gehabt hatte. Mit Tränen in der Seele erinnerte er sich daran, wie lustig und zu Scherzen aufgelegt der Vater gewesen war, wenn er gut aufgelegt war. Und vor allem, wie er seinem Bruder bekannte, als er ihm schließlich die Nachricht vom Tod des Vaters mitteilen mußte: »Wie er den Raum schier ausfüllen konnte! Wie leicht vergaß man doch, daß er körperlich eigentlich gar nicht groß war. ... Und jetzt kann man mitten am heiligen Sonntag tun und lassen, was man will in dem Studierzimmer, und es ist scheußlich ...« Mr. Lewis und Jack hatten einander sehr ähnlich gesehen, und es ist durchaus möglich, daß sie sich in mancher Hinsicht näher waren, als sie je gemerkt haben.

In jenen letzten Jahren der 20er Jahre war Jacks innere Reise weitergegangen. Ein wichtiger Meilenstein war seine

Lektüre von *Der unsterbliche Mensch* von G. K. Chesterton, den er sehr bewunderte. Die christliche Geschichtsauffassung in *Der unsterbliche Mensch*, die so rundherum vernünftig klang, wühlte ihn auf. Aber noch hielt er daran fest, daß Chesterton der gescheiteste Mann der Welt war, *obwohl* er Christ war. Doch nicht lange, nachdem er das Buch gelesen hatte, besuchte ihn ein Mann, den er als den hartgesottensten Atheisten in seinem Bekanntenkreis kannte. Die beiden Männer saßen vor dem Kamin und unterhielten sich, als Jacks Besucher wie nebenbei erwähnte, daß die Indizien dafür, daß die Evangelien historisch wahr waren, überraschend gut seien – und nicht nur dies, sondern das Leitmotiv des sterbenden Gottes in so vielen alten Mythologien und Überlieferungen lege ebenfalls nahe, daß es etwas Derartiges tatsächlich einmal gegeben haben müsse. Der Mann war ein totaler Zyniker, und Jack wollte der Boden unter den Füßen wanken: Wenn noch nicht einmal so jemand wirklich überzeugt von seinem Atheismus war, an wen konnte man sich dann noch halten?

Man könnte einwenden, daß diese Erlebnisse alles bloße Zufälle waren, dahergeflogene Bruchstücke, von denen Jack sich unnötig quälen ließ. Aber eines kam zum anderen, und Jack hatte das unheimliche Gefühl, daß er der Hase war, den ein mächtiger Jagdhund geduldig und unablässig verfolgte – und dieser Jagdhund war Gott.

Da sitzt er an seinem Schreibtisch und holt ihn in die Erinnerung zurück, seinen so unerwarteten, aber stetigen Rückzug von all den festgefügten Meinungen, die er so lange gepflegt hatte. Was ging da eigentlich in ihm vor? Er spürte, wie die Mauern seiner Festung bröckelten. Es wird ihn nervös gemacht haben, dieses Bewußtsein, daß tief in ihm sich eine ungeheure Umwälzung anbahnte. Aber sie geschah ganz im verborgenen. Schauen wir zu, wie er wieder seine hölzerne Feder mit der Stahlspitze in die Tinte taucht und mit unvergeßlichen Worten beschreibt, was mit ihm geschah:

»Ich fuhr auf dem Oberdeck eines Doppeldeckerbusses den Headington Hill hinauf. ... Auf einmal merkte ich, daß ich etwas abwehrte, nicht an mich heranlassen wollte. Oder daß ich ganz steife Kleider trug, wie ein Korsett, ja wie eine Ritterrüstung, als sei ich ein Hummer. Ich spürte, wie ich hier und jetzt vor eine Wahl gestellt wurde: Ich konnte die Tür öffnen oder sie weiter verrammeln, meine Rüstung ablegen oder weiter tragen. ... Die Entscheidung war gewaltig, und doch merkwürdig unemotional. Mich bewegten keine Begierden oder Ängste, in gewissem Sinne bewegte mich gar nichts. Ich beschloß einfach, die Tür zu öffnen, die Rüstung abzuschnallen, die Zügel aus der Hand zu geben ...«

Er fährt fort, daß diese seine Antwort völlig freiwillig war und daß er sich anschließend wie ein Schneemann fühlte, der nach langer Eiseskälte aufzutauen beginnt. »Mein Rücken begann zu schmelzen – erst tropfte es, dann rieselte es.« Er verwendet noch andere Bilder. Er sah einen Fuchs vor seinem inneren Auge, der erschöpft hinaus in die Lichtung rennt, die Hunde fast auf den Fersen. Er selber war dieser Fuchs, und seine Freunde, ja sogar manche seiner Schüler waren die Jagdhunde. Sie alle hatten sich dem großen Jäger angeschlossen.

Aber war ihm nicht immer jede Einmischung in sein Leben suspekt erschienen? Hatte er nicht Angst gehabt vor jeder Art von Gefühlsduselei? Er begann sich wie die trockenen Gebeine auf dem Totenfeld im Propheten Hesekiel zu fühlen, wie sie sich zu rühren beginnen, ihre Totengewänder ablegen, aufstehen und lebendig werden. Wie ein zitterndes Gespenst spürte er, wie das wahre Leben einbrach in die trockene Einöde seines Herzens. Eine unsichtbare Hand nahm ihm den Wunsch weg, sein eigenes Leben zu leben. Seine Leidensscheu, sein Bestreben, die Kirche im Dorf zu lassen – alles rutschte stetig fort; es war unheimlich. Er wußte instinktiv: Der Eine, der die Quelle aller Macht war, forderte ihn zur totalen Hingabe seines Ichs auf. »Bedingungslose Kapitulation, der absolute Sprung ins Dunkle – das war die Forderung.« Und in unvergeßlichen Worten beschreibt er den letzten Augenblick der göttlichen Treibjagd:

»Sie müssen sich vorstellen, wie ich allein in diesem Zimmer im Magdalen College saß, Abend um Abend, und in jeder Sekunde, wo meine Gedanken von meiner Arbeit abschweiften, den stetigen, immer näher kommenden Schritt Dessen verspürte, dem ich um nichts in der Welt begegnen wollte. Das, wovor ich mich am meisten fürchtete, war über mich gekommen. Im Dreieinigkeits-Trimester des Jahres 1929 gab ich mich endlich geschlagen und bekannte, daß Gott Gott ist, und kniete nieder und betete – vielleicht der resignierteste und zögerlichste Neubekehrte in England. Damals sah ich noch nicht, was mir heute die herrlichste und offensichtlichste Sache der Welt ist: die göttliche Demut, die den Sünder, der da zu ihr kommt, selbst unter diesen Bedingungen annimmt.«

Und so kam Jack Lewis nach Jahren des Grübelns, des Unglaubens und des Atheismus zu einem festen Glauben an Gott. Der Weg zum Christen sollte noch ein wenig länger dauern. Zunächst begann er, jeden Sonntag in die Kirche seiner Pfarrgemeinde zu gehen und alltags in die College-Andachten. Mit erfrischender Ehrlichkeit berichtet er, daß er eigentlich so wenig Lust hatte, in die Kirche zu gehen wie in den Zoo! (Vielleicht können einige von uns ihm das nachfühlen.) Er fand es alles eine große Zeitverschwendung

– »dieser ganze umständliche Zirkus! Die Glocken, das Gedränge und Geschiebe, die Regenschirme, die Abkündigungen, das pausenlose Organisieren.« War es nicht viel geistlicher, wenn Menschen guten Willens jeder für sich beteten oder sich zu zweit oder dritt trafen, um sich über die Religion auszutauschen?

Aber sie ließ sich nicht abschütteln, die große Frage: Wo hatte die Religion denn ihre wahre Reife erreicht? Im Hinduismus oder im Christentum? Der Hinduismus schien ihm eine Mischung aus Philosophie und finsterem, ja grausamem Heidentum zu sein und konnte ihn nicht befriedigen. Und was war mit den Evangelien im Neuen Testament? Im Laufe der Jahre war er ein Experte in Literarkritik und Mythologieforschung geworden. Er hatte, wie er schreibt, mittlerweile zuviel Erfahrung in der Literarkritik, um die Evangelien noch als bloße Mythen zu betrachten. Es gab nichts Vergleichbares in der ganzen Literatur, und die Person, von der sie handelten, war einzigartig. Diese Person war Jesus Christus, und langsam ging es Jack Lewis auf, wie er in den Evangelienberichten wie »von einem überirdischen Licht umleuchtet« erscheint. Und er begann zu begreifen: Dies war nicht ein Bild eines Gottes, dies war Gott selber. Hier und nur hier war Gott Mensch geworden. Der Mythos war Tatsache geworden, das ewige Wort war Fleisch geworden für ihn.

Der Tag, an dem er zu diesem Glauben fand, sollte sich kristallklar in Jacks Gedächtnis einprägen. Es war im Jahre 1931, und Warren nahm ihn im Beiwagen seines Motorrads auf einen Ausflug in den Zoo in Whipsnade mit. Warren erinnerte sich gut an den Tag; ihm war, als sei Jack von einer langen inneren Krankheit genesen, die in der Kirche in Nordirland begonnen hatte, wo er nur religiöse Spreu zu essen bekommen hatte. Für Jack kam an diesem Tag endlich die Freude in ihrer ganzen Fülle. Es war ein sonniger Morgen, und er berichtet, daß er beim Losfahren noch nicht glaubte, daß Jesus Christus der Sohn Gottes ist. Als sie in Whipsnade ankamen, glaubte er. Erklären konnte er das nicht, aber es war, als ob jemand, der lange in starrem Tiefschlaf gelegen hatte, mit einem Mal aufwachte. Ich glaube, es war, als ob lauter Schönheit und Leben in ihn hineinströmten, als ob blinde Augen plötzlich wieder sehen konnten. In den Bäumen jubilierten die Vögel, im Gras blühten die Glockenblumen, dazu noch die umherhüpfenden Känguruhs ... es war fast, »als ob der Garten Eden zurückgekommen war«.

Die lange, oft so beschwerliche Reise war vorbei. Das Leben hatte begonnen. Und die »Freude«? »Um ehrlich zu sein«, schreibt er, »seit ich ein Christ bin, hat das Thema fast jedes Interesse für mich verloren.« Was natürlich daran lag, daß es ohnehin die ganze Zeit nur gleichsam ein Fingerzeig hin auf etwas Größeres und Tieferes gewesen war, wie ein Wegweiser an einer Straße, vor dem »wir nicht bewundernd stehenbleiben oder jedenfalls nicht lange; nicht auf dieser Straße, auch wenn die Schilder aus Silber und die Buchstaben aus Gold sind. ›Wir fahren nach Jerusalem.‹«

Kapitel 13

Schriftsteller für Gott

Das Oxford der 30er Jahre sah eine Studentengeneration, deren Zukunft ungewiß war. Wieder stand die Welt auf Messers Schneide. Der Krieg zur Beendigung aller Kriege hatte doch keinen Frieden gebracht, und ein neuer Schatten und eine neue Zukunftsangst lag auf dem Leben vieler junger Menschen. Allenthalben waren sie am Bröckeln, die alten Werte und christlichen Lehren. Manche versuchten dies durch ein massives soziales Engagement für die, die es weniger gut hatten, zu kompensieren, kämpften gegen die alarmierend wachsende Arbeitslosigkeit an, traten der Peace Pledge Union (einer Art Friedensbewegung) bei, arbeiteten vielleicht gar in den Slums. Andere stürzten sich voll in das Vergnügen, daß das Nachtleben in London und anderen großen Städten boomte, frei nach dem Motto: »Lasset uns essen und trinken, denn morgen sind wir tot.«

Unter den Oxforder Dozenten gab es zu dieser Zeit zahlreiche bekannte, hervorragende Gelehrte und Wissenschaftler. Aber einer stach ganz besonders hervor durch seine Charakterstärke, seine brillanten akademischen Leistungen und durch die höchst ungewöhnliche Tatsache, daß er ein ehemaliger Atheist war, der leidenschaftlich an eben die christlichen Wahrheiten glaubte, die so viele andere gerade als überholt über Bord warfen. Er war ein Felsen von einem Mann, schon körperlich imposant, aber noch weit größer in seinem ganzen Denken, einer, der mit Heuchelei und Fassadenputzerei schonungslos ins Gericht ging. Einer seiner Studenten hat ein lebendiges Bild gezeichnet von C. S. Lewis – und so wollen wir ihn ab jetzt nennen, denn aus dem jungen Mann Jack Lewis war der Dozent geworden, der das Leben vieler Menschen verändern und dessen Feder Tausende auf eine Art prägen sollte, wie er es nie zu träumen gewagt hätte:

»Seine Tutorien waren ein Vergnügen. Da saß Lewis auf seinem großen Chesterfield-Sofa, abwechselnd seine Pfeife und Zigaretten rauchend, von Zeit zu Zeit über das ganze Gesicht strahlend und gutgelaunt hopsend, die Mitteilsamkeit in Person. Er sah groß aus, wie er einem gegenübersaß, die mächtige Faust um den Pfeifenkopf geschlossen, Augen weit offen und Brauen hochgezogen hinter der Rauchwolke. Er war die größte ›Attraktion‹, die die Englische Abteilung in den 30er Jahren zu bieten hatte, und konnte den größten Hörsaal füllen. ... Sein unförmiger Hut und sein schlecht sitzender Mantel waren ein Begriff, vor allem für den, der ihn vom Oberdeck eines Doppeldeckerbusses aus sah ..., aber in dem großen roten Gesicht, das aus dieser uneleganten Kleidung herausschaute, leuchtete eine Begeisterung und Wärme, die einen im Sturm eroberte.«

Er war ein Mann, der Wärme ausstrahlte. Er konnte einen inspirieren und herausfordern und ließ es nicht durchgehen, wenn man denkfaul war. Immer aber war er zutiefst liebenswürdig.

C. S. Lewis' Bekehrung zum Christentum setzte einen breiten Strom kreativen literarischen Schaffens frei. Er schrieb und schrieb. Zuerst hatte er sich als Dichter versucht; sein erstes veröffentlichtes Werk war ein Gedichtband, und er schrieb regelmäßig für mehrere Zeitschriften. Aber schließlich erkannte er, daß er nie ein wirklich großer Dichter werden würde, und verfaßte seinen ersten Roman: *The Pilgrim's Regress (Flucht aus Puritanien)*, wie John Bunyans *Pilgrim's Progress (Pilgerreise zur ewigen Selig-*

keit) eine Allegorie, die man fast als bildliche Umsetzung seiner eigenen inneren Abenteuer beschreiben könnte.

Im Laufe der 30er Jahre kam er, wie er in einem Brief bekennt, zu dem Schluß, daß »man den Leuten heute eine ganze Menge Theologie in Romanverpackung liefern kann, ohne daß sie es merken«. Jetzt kam das erste seiner wunderbaren sogenannten Science-fiction-Bücher heraus, *Out of the Silent Planet (Jenseits des schweigenden Sterns)*. Die Londoner *Times* kommentierte später, daß Lewis »lange, bevor es den Gattungsbegriff gab, brillant angelegte und hoch spannende ›Science-fiction‹ schrieb, die er dazu benutzte, ... einer tiefen Überzeugung über Gott und über das Leben Gestalt zu geben ...«. Auf das erste Buch sollten zwei weitere Bände folgen, *Perelandra* und *That Hideous Strength (Die böse Macht)*. Viele Leser wurden tief bewegt durch diese Romane; ein Autor bezeichnete *Out of the Silent Planet* als »die schönste aller Weltraumreisen und in gewissem Sinne die bewegendste«. Ein anderer Kritiker fand es »von beängstigender Schönheit«. Ein himmlisches Licht scheint über diesen Romanen zu schweben, »das heilige Licht der Freude«, wie jemand es ausdrückte.

Jetzt konnte Lewis' Liebe zur Mythologie, die wir aus seiner Kindheit kennen, sich endlich voll entfalten, aber auf einer christlichen Basis. Denn besonders *Jenseits des schweigenden Sterns* und *Perelandra* sind Mythen, d. h. sie bringen uns ewige Wahrheiten in Form von erhabenen Bildern oder Geschichten nahe. In *Jenseits des schweigenden Sterns* kommt ein Cambridge-Dozent namens Dr. Elwin Ransom auf den Planeten Malacandra (Mars). Schon der Name Ransom (zu deutsch: »Lösegeld« oder »Erlösung«) ist hochbedeutsam; denken wir nur an das Bibelwort über Jesus: »daß er ... gebe sein Leben zu einer Erlösung für viele« (Matthäus 20,28). Dr. Ransom kommt von der Erde (dem »schweigenden Planeten«, der unter der Gewalt eines bösen Geistes steht) nach Malacandra, wo alles Frieden und Harmonie ist. In dem zweiten Buch, das seine Reise nach Perelandra (Venus) beschreibt, hat er einen großen, lebensgefährlichen Auftrag zu erfüllen: den Feind (einen Wissenschaftler von der Erde) unschädlich zu machen, der das Glück des jungen Planeten bedroht. Mars und Venus werden als Planeten von einer wahrhaft überirdischen Schönheit beschrieben. Lewis entführt seine Leser in Welten, die völlig anders sind als die Erde und doch überraschend real. Durch Ransoms Abenteuer erhaschen wir einen Blick auf den großen, ewigen Kampf zwischen Gut und Böse.

Es war für manche Leser eine echte Überraschung, wie C. S. Lewis auf dem Fundament seines starken christlichen Glaubens Bücher von solch einer Kraft und Schönheit schuf.

Seine schöpferische schriftstellerische Ader brachte einen wahren Strom von Werken hervor, der mit jedem Jahr schneller zu fließen schien. Lewis' lebenslanger Freund Owen Barfield berichtet, daß er bis zu den 30er Jahren nur zwei Gedichtbände veröffentlicht hatte, aber nach der Publikation von *The Pilgrim's Regress* 1933 nie mehr zurückschaute, »sondern vor meinen erstaunten Augen für den Rest seines Lebens immer erfolgreichere Bücher in immer kürzeren Abständen zu schreiben schien«.

Wer meint, daß das Dozentendasein im Oxford der 30er Jahre langweilig war, dem muß man sagen, daß es voller Arbeit und Pflichten war und daß C. S. Lewis in ihm Erfüllung fand. In einem Brief an seinen Bruder aus dem Jahr 1931 beschreibt er einen typischen Tag: Um 7.15 Uhr wurde er mit einer Tasse Tee geweckt. Dann Baden, Rasieren und ein kurzer Spaziergang. Um 8 Uhr die fünfzehnminütige Andacht in der College-Kapelle, danach ein kurzes Frühstück im Common Room. Gegen 8.25 Uhr ging Lewis zurück auf seine Zimmer und beantwortete bis 9 Uhr Briefe und Mitteilungen. Von 9 bis 13 Uhr hielt er Tutorien und Vorlesungen für seine Studenten. Um 13 Uhr wartete Mrs. Moores Tochter Maureen auf ihn, um ihn zum Mittagessen bei den Moores zu fahren. 1930 hatte die Familie ein Haus gekauft, das C. S. Lewis sehr ans Herz wuchs und für den Rest seines Lebens sein eigentliches Heim war. Da es in seiner Nähe, beim Steinbruch Headington, einige malerische alte Brennöfen (auf englisch »kilns«) gab, nannte man das Haus »The Kilns«. Von Zeit zu Zeit wurde Lewis dort von Warren besucht, der schließlich ganz zu ihm zog. Das »Familienleben« in The Kilns war nicht immer einfach, aber C. S. Lewis scheint es gelassen ertragen zu haben. Warren bemerkte ziemlich bitter, daß sein Bruder, wenn er Glück hatte, nach dem Essen einen Spaziergang machen konnte – will sagen, nicht von Mrs. Moore als Haussklave mißbraucht wurde. »Er ersetzt mir ein halbes Hausmädchen«, pflegte sie ihren Besuchern stolz zu sagen; daß er auf der Universität auch Arbeit hatte, schien sie nicht zu registrieren. Nach besagtem Spaziergang nahm Lewis bei den Moores seinen Nachmittagstee ein, worauf Maureen ihn zurück zum College fuhr. Von 17 bis 19 Uhr weitere Vorlesungen oder Sprechstunden für Studenten, danach, um 19.15 Uhr, das College-Dinner. Dienstag abends kamen Studenten, um mit Lewis von 20.30 bis 23.00 Uhr das große altenglische Beowulf-Epos zu lesen – ein wahrlich langer Tag –, und dann konnte er endlich in das Bett seines College-Schlafzimmers kriechen. Angesichts der wenigen Freizeit, die er hatte, ist der Umfang seines literarischen Schaffens – Rezensionen, Romane, Gedichte, Artikel sowie die Briefwechsel mit einer stetig wachsenden Schar von Verehrern – doppelt erstaunlich.

Trotz aller Probleme am heimischen Herd war Lewis weiterhin vielen ein guter Freund. Jeden Montagmorgen kam Tolkien »auf ein Gläschen« bei ihm vorbei. Manchmal besuchte oder empfing er am Wochenende Freunde, und am Donnerstagabend steckten ihn die Inklings mit ihren Ideen an.

Sein neugefundener Glaube machte ihn als Freund noch wärmer und umgänglicher; viele seiner Freunde waren ebenfalls Christen. Einer seiner engsten Freunde war Charles Williams, dessen Roman *Die Stätte des Löwen* ihn so faszinierte, daß er ihn spontan einlud, sich den Inklings anzuschließen. Es zeigte sich rasch, daß die beiden Männer in der gleichen religiösen Welt lebten, ja Charles Williams war einer der wenigen, von denen Lewis noch lernen konnte. Auch in Williams' Büchern geht es um den Kampf zwischen Gut und Böse, und es kommt zu mysteriösen Begebnissen und Abenteuern.

Die Räume, in denen C. S. Lewis so viele Freunde empfing, waren bemerkenswert spärlich möbliert. Möbel schienen ihn ebensowenig zu interessieren wie Kleider. Zum Teil mußte er auch sparen, denn sein Beitrag zum Haushalt der Moores ließ ihm anfangs kaum etwas für sich selber übrig. Dies war vielleicht auch der Grund, warum zur Überraschung seiner Gäste seine persönliche Bibliothek recht klein war. Er kaufte sich selten ein Buch, wenn er es auch in der Bodleian Library lesen konnte. »Lange Jahre einer selbstauferlegten, drückenden Armut«, schrieb Warren, »hatten ihm diese Sparsamkeit in Fleisch und Blut übergehen lassen.« Zudem fand er solche »Nebensächlichkeiten« wie Einkaufen oder zum Friseur oder zur Bank gehen grundsätzlich lästig. In einem Brief an seinen Bruder finden wir ein beredtes Beispiel hierfür wie auch dafür, welch ein Kleidermuffel er war:

»Ich wollte in die Stadt und war schon am College-Tor, als ich merkte, daß ich ja zwei verschiedene Schuhe anhatte, der eine sauber, der andere schmutzig. Ich hatte keine Zeit mehr, zurückzugehen. Da es mir unmöglich war, den schmutzigen Schuh zu säubern, mußte ich, wollte ich nicht unmöglich aussehen, wohl den anderen Weg gehen und den saubereren Schuh schmutzig machen.« Halb ärgerlich, halb nachdenklich mußte er feststellen, daß dies gar nicht so einfach war.

Dieses Allzumenschliche an Lewis, diese Art ausgelassene Jungenhaftigkeit, die manchmal auffällig war, stand in lebhaftem Gegensatz zu seinem intellektuellen Format. Sein Freund Professor Coghill sah in ihm Anklänge an den großen Literaten des 18. Jahrhunderts, Dr. Samuel Johnson.

Er schrieb: »Beide waren Koryphäen in ihrer Gelehrsamkeit und der Breite ihrer Gesprächsthemen. Beide hatten sie die gleiche Freude am Streitgespräch und bei allem Respekt vor der Wahrheit den gleichen Drang, in ihm zu obsiegen.«

Doch Lewis hatte auch seine empfindlichen Stellen, auch wenn er sie nach außen hin vielleicht nur selten zeigte. Die so tiefe, herzzerreißende Sehnsucht nach seiner Mutter hatte ihn für immer geprägt und kam in seiner merkwürdigen Beziehung zu Mrs. Moore wieder zum Vorschein. Eine Spur von ihr zeigt sich auch in einem Brief an eine der Wantage-Schwestern (ein anglikanischer Nonnenorden). Schwester Penelope, selber Schriftstellerin und Literaturkritikerin, korrespondierte jahrelang mit ihm, und es ist offensichtlich, daß er ihre Einsichten und Meinungen sehr zu schätzen wußte. Im Juli 1939 schrieb er diese Zeilen an sie: »Obwohl ich vierzig Jahre alt bin, bin ich als Christ erst etwa zwölf, und es wäre ein Akt der Mütterlichkeit, wenn

Sie manchmal die Zeit hätten, mich in Ihre Gebete einzuschließen.«

Als er diese Worte schrieb, lag der Schatten des nächsten Krieges schon schwer auf den Menschen. Nach dem, was er im ersten Weltkrieg mitgemacht hatte, konnte Lewis nur mit dem größten Grauen an einen zweiten denken. An seinen früheren Studenten Dom Bede Griffiths, der etwa zur gleichen Zeit Christ geworden war wie er und mit dem ihn eine bleibende Freundschaft und Korrespondenz verband, schrieb er:

»Gott sei gedankt, daß er die gegenwärtigen Schrecken meinen Glauben nicht weiter hat anrühren lassen. ... Was man immer schon in der Theorie gewußt hat, das rückt einem jetzt auf die Haut: daß nichts hier unten uns helfen kann; je schneller wir sicher aus dieser Welt heraus sind, um so besser. Aber ›wär' es doch Abend schon und alles gut.‹ Ich habe mich sogar (leider) bei dem sündigen Gedanken erwischt, es wäre besser, ich sei nie geboren worden.«

Der Gedanke an mögliche Trennungen und Katastrophen ließ ihn Briefe voller Liebe an seine Freunde schreiben. Ein Brief an Owen Barfield zeigt, wie viel Freundschaft ihm bedeutete: »Noch vor dem Ende dieser Woche kann sie uns um die Ohren fliegen, unsere gemeinsame Welt ... Wenn wir dann getrennt werden: Gott segne Dich, und danke, ja danke für all das Gute, das Du mir gabst – mehr, als ich je zählen oder wägen kann. Was hatten wir doch für ein klasse Verhältnis die letzten zwanzig Jahre.«

Im September kam das Unvermeidliche. Wieder wurde Deutschland der Krieg erklärt, und das Leben änderte sich in vielen kleinen Details. Wegen der drohenden feindlichen Luftangriffe mußten nachts alle Häuser und Wohnungen »verdunkelt«, also die Fenster dicht verhangen werden, damit kein Lichtschein nach außen drang. In einem Brief an

Warren, der wieder als Soldat einberufen worden war, beschreibt Lewis seinen täglichen Verdunkelungskampf mit einem komplizierten System »diverser Lumpen«.

Weiter verkompliziert wurde das Leben der Moores durch die Ankunft »ihrer« Evakuierungskinder. Aus London und anderen Städten, die als besonders luftangriffgefährdet galten, wurden Kinder in sicherere Gebiete verschickt und in geeignet erscheinenden Häusern einquartiert. Lewis teilte seinem Bruder mit, daß die Kinder nett, aber lustlos seien, ganz anders als Warren und er in ihrer Kindheit. Dauernd fragten sie Maureen, was sie machen sollten. Lewis mochte Kinder. Er war stets freundlich zu ihnen und verstand sie, da er sich so lebhaft an seine eigenen Jungenjahre erinnerte, vielleicht besser, als man erwartet hätte. An einige Kinder schrieb er bezaubernde Briefe, und häufig beschreibt er sie mit einer Art sanftem Amüsement. In den Weihnachtsferien fuhr er auf ein paar Tage nach Somerset, um dort zu wandern und einen Freund zu besuchen. Er schrieb an Warren, daß es schade sei, daß er nicht auch da war, und beschrieb die große Evakuierungskinderschar bei seinem Freund: »Am nächsten Morgen nach H., um ihn abzuholen. Er hat jetzt so viele Kinder, daß man sie schon gar nicht mehr einzeln wahrnimmt; es ist eher wie in einem Hühnerhof oder bei einer großen Entenfamilie. Auf der ersten Meile marschierte ein ganzer Trupp von ihnen hinter uns her, aber dann machten sie kehrt, wie Schlepper, die den Hochseedampfer aus dem Hafen hinaus ins Meer begleitet haben ...«

Der Krieg gewann an Fahrt. 1940 stand das schlecht gerüstete England vor dem fast sicheren Verlust eines Großteils seiner Streitmacht in Frankreich, ja vor der Invasion der Insel durch die Deutschen. Lewis schrieb an Barfield: »Das eigentliche Problem besteht doch darin, das, was man so fest über Leid und Not glaubt, auf diese *konkrete* Not anzuwenden. Die konkret gewordene Not erscheint einem immer so merkwürdig unerträglich.«

Etwa um diese Zeit trat Lewis der Home Guard bei, einer bemerkenswert disziplinierten Bürgerwehr aus Männern, die für den eigentlichen Kriegsdienst untauglich oder zu alt waren und die Aufgabe bekamen, bei einer etwaigen deutschen Invasion den Feind anzugreifen. Man opferte viele Abende und Nächte der Ausbildung und dem Wachdienst und ging gleichzeitig weiter seiner täglichen Arbeit nach. Es herrschte eine merkwürdige, fast schon freudige Atmosphäre der Einheit und Entschlossenheit angesichts der übermächtig drohenden Gefahr. Menschen arbeiteten in nicht gekannter Harmonie zusammen. Über seine erste »Dienstnacht« schrieb Lewis an Warren:

»Ich habe meine Home-Guard-Pflichten mit der 1.30-Uhr-Samstagmorgenpatrouille begonnen; normal Sterbliche würden es ja Freitagnacht nennen. ... Wenn ich nicht die ganze Zeit dieses Gewehr mit mir hätte herumschleppen müssen, würde ich sagen, daß es mir sogar Spaß gemacht hat; hatte ganz vergessen, wie schwer die Dinger sind. Um 4.30 Uhr machten wir Schluß, und nach einem richtig schönen Gang durch ein leeres, dämmerlichtiges Oxford war ich um fünf im Bett ...«

In den frühen 40er Jahren begann der Name C. S. Lewis ein Begriff in Großbritannien zu werden. Einer der Gründe dafür waren die Radiovorträge, die er für die BBC über christliche Themen hielt. Sie waren so ungewöhnlich fesselnd, so logisch und in die Tiefe gehend, daß viele der Hörer, die noch keine Christen waren, gründlich ins Nachdenken über ihre bisherige Position kamen. Tausenden, die in diesen dunklen Kriegsjahren das Leben nur noch als sinnlose Tragödie zu sehen vermochten, bot dieser brillante

Mann eine neue und starke und vernünftige Hoffnung an: daß das Leben einen tiefen Sinn und ein großes Ziel hatte; daß trotz aller Grausamkeit der Menschen jeder einzelne wichtig war in den Augen des Gottes, den er so dringend brauchte und so oft zurückwies. Nicht die Inhalte dieser Ansprachen waren neu, sondern die so unpredigthaft lebendige Art, wie Lewis sie an den Mann brachte. Man mußte ihm einfach zuhören. Und Tausende taten genau dies, und ihr Leben wurde anders dadurch. So stand Anfang der 70er Jahre in einer Zeitschrift zu lesen, wie in jenen Kriegsjahren eine total verzweifelte Frau, die junge Witwe eines in Burma gefallenen Soldaten, zufällig das Buch *Broadcast Talks* mit den gesammelten Radiovorträgen von Lewis in die Hand nahm. Fasziniert las sie es, einmal, zweimal. Sie fing an, sich alle C. S. Lewis-Bücher zu kaufen, die sie kriegen konnte, und nach und nach wurde ihr Leben anders; sie wurde eine gläubige Christin. Wie sie selber es ausdrückte: »Eine arme verlorene Seele« bekam »eine Liebesbeziehung zu Ihm (Christus); Einsamkeit, Unordnung und Chaos wichen einem neuen Leben des Friedens, des Segens und des Dienstes in Seinem Namen.«

Lewis wurde auch oft zu Vorträgen vor der Royal Air Force (englische Luftwaffe) eingeladen, und auch dort hörte man ihn gern. Er hielt seine Radiovorträge 1941–43 in London zur Zeit der schweren deutschen Luftangriffe, wo viele Menschen jeden Tag damit rechnen mußten, Leib, Leben und Gut zu verlieren.

Es war eine Zeit, in der einem die Nebensächlichkeiten des Lebens unwichtig wurden. Man reiste gleichsam mit leichtem Gepäck, Geist und Seele zählten mehr als Geld und Gut. Vielleicht hörten die Menschen C. S. Lewis deswegen so begierig zu. Seine Stunde war gekommen, sie brauchten ihn.

Lesen wir nur einmal, was er in den gesammelten Vorträgen, die später unter dem Titel *Mere Christianity* (deutsch: *Pardon, ich bin Christ*) veröffentlicht wurden, über die Hingabe unseres Lebens an Christus sagt, und stellen wir uns dabei vor, wir müßten eine Nacht nach der anderen in einer U-Bahn-Station oder einem Luftschutzkeller verbringen, während von oben das Heulen der Bomben, das Krachen der Explosionen und das Beben der Einschläge kommt. Hören wir auf die starke Stimme, die hier zu uns spricht:

»Gib dein Ich auf, und du wirst dein wahres Ich finden. Verliere dein Leben, und du wirst es erretten. Ergib dich in deinen Tod – jeden Tag aufs neue in den Tod deiner Lieblingswünsche und Ambitionen, und zum Schluß in den Tod deines Körpers; ergib dich mit jeder Faser deines Seins, und du wirst ewiges Leben finden. Halte *nichts* zurück. Nichts wird je wirklich dein sein, wenn du es nicht zuerst weggegeben hast. Nichts in dir wird von den Toten auferweckt werden, wenn es nicht zuerst gestorben ist. Suche dich selber, und du findest am Ende nur Haß, Einsamkeit, Verzweiflung, Wut, Untergang und Zerfall. Aber suche Christus, und du wirst Ihn finden, und alles andere wird dir dazugegeben werden.«

Er wurde in ganz England bekannt. Einmal hielt er sogar eine Vortragsreihe im St.-Mary-Kloster, dem Mutterhaus der anglikanischen Wantage-Schwestern. Er genoß die ungewöhnliche Umgebung und würzte seine Ausführungen immer wieder mit schlagkräftigem Humor. So bemerkte er, daß so, wie Zachäus Jesus »wegen der Menge« nicht sehen konnte, wir ihn heute oft wegen der Menge an Gedrucktem nicht sehen – ein Seitenhieb auf die nicht enden wollende Informationsflut, die jeden Tag zu unserem angeblichen Besten auf uns herabstürzt.

Doch wirklich berühmt wurde Lewis erst mit dem Erscheinen seiner *Screwtape Letters (Dienstanweisung für einen Unterteufel)* im Jahre 1942. Wie Warren später berichtete: »Jetzt erntete Jack zum ersten Mal die Art Erfolg in der Öffentlichkeit, die einem echtes Geld bringt. Da er dergleichen nicht gewohnt war (seine frühere Armut war eine schlechte Vorbereitung auf ein Leben in relativem Wohlstand), verpulverte er das Geld in Schecks an diverse Vereine und bedürftige Nieten. ... Die Gesamtsumme seiner (damaligen und späteren) Spenden wird man wohl nie erfahren.« Mindestens zwei Drittel seines Einkommens soll Lewis regelmäßig weggeschenkt haben.

Ein Rezensent im *Saturday Review* nannte die *Screwtape Letters* »die faszinierendste Verteidigung des christlichen Glaubens seit langem«. In diesem absoluten Klassiker der Satire werden die Welt der Menschen und die des Himmels aus dem Blickwinkel der Hölle beschrieben. Ein älterer Teufel namens Screwtape, seines Zeichens Unterstaatssekretär in der höllischen Kommandozentrale, schreibt eine Serie von Briefen an seinen Neffen, den Unterteufel Wormwood, der zum »Betreuer« eines jungen männlichen »Patienten« ernannt worden ist. Unglücklicherweise ist besagter Patient Christ geworden – Alarmstufe drei für Wormwood, dem sein Onkel Screwtape viele Ratschläge erteilt, wie er die Seele des Patienten wieder von Gott zurücklotsen kann. Die Briefe zeigen uns übrigens eine wohlorganisierte Hölle, in der es ein Ausbildungsseminar, eine Spionageabteilung und sogar eine Besserungsanstalt für unfähige Versucher gibt.

Wer zwischen den Zeilen liest, entdeckt, wie der »Patient« zum Teil von eben den Dingen versucht wird, die auch C. S. Lewis von Gott ferngehalten hatten. So soll Wormwood den Patienten gegen seine Mutter aufbringen oder dann, wenn er betet, seine Gedanken von Gott weg und auf seine eigenen Gefühle hinlenken. Er hat ihn mit sexuellen Versuchungen zu locken und ihm das Gefühl zu geben, daß Gott seine Gebete nicht erhört. Vor allem aber muß er den Patienten am Leben erhalten, denn noch haben die Versuchungen seinen Glauben nicht zerstört, es bleibt noch viel zu tun. Doch siehe da, der Patient, der Luftschutzhelfer ist, kommt bei einem Luftangriff ums Leben ...

So meisterhaft ist das Buch geschrieben, daß man förmlich Screwtapes Qual mitfühlt, als er Wormwood die selige Freude des Patienten beschreibt, als dem im Augenblick des Todes alle Zweifel schwinden und er den Himmel offen sieht und erkennt, daß *dies* das ist, wonach er sich von Kind auf so gesehnt hat. Mit Verzweiflung in der Feder schreibt er Wormwood: »Was für Dich ein blendendes, erstickendes Feuer ist, ist für ihn jetzt ein labendes Licht, die Klarheit selber, und es hat die Gestalt eines Menschensohnes ...« Fast, so läßt er durchblicken, ist er selber versucht, die Hölle gegen den Himmel einzutauschen. Es gibt kein zweites Buch, in welchem die Form der Satire der Träger einer solchen Tiefe der Inspiration ist oder in dem die kleinen und großen Schwächen des Menschen so feinsinnig und mitfühlend dargestellt werden. Es war ein solch lebendiges und originelles Buch, daß es bald in aller Munde war.

In jenen Kriegsjahren schrieb Lewis auch *The Problem of Pain (Über den Schmerz)*, ein Buch, das dem allgemeinen Leser eines der schwierigsten Probleme der Welt erschließt. Wie oft hört man ihn nicht, den Satz: »Wie kann ich an Gott glauben, wenn es so viel Leid und Böses in der Welt gibt?« Lewis geht das Thema ebenso mutig wie ehrlich an: Gott hat uns nicht als Roboter geschaffen, sondern als Wesen, die sich frei entscheiden können; wir können das Gute und das Böse wählen. Und oft begegnet Gott uns gerade in unserem Leid und Unglück: »Gott flüstert in unserer

Freude, er spricht durch unser Gewissen, aber er ruft laut in unserem Leid; es ist sein Megaphon, mit dem er eine schwerhörige Welt aufrüttelt.« Wieder ein Buch, das den Mann auf der Straße zum Nachdenken brachte, ihn zwang, wach zu werden und sich den Fragen der Ewigkeit zu stellen.

Lewis' Probleme zu Hause gingen derweil unvermindert weiter. 1943 schreibt er Schwester Penelope: »Beten Sie für mich, Schwester, und für die arme Mrs. Moore. Es kommt nie vor, daß alle drei Frauen guter Laune sind ... Um ein bißchen göttlichen Frieden, den ich an sie weitergeben kann, hatte ich Gott gebeten, und geschenkt hat er mir selber mehr Frieden, als ich je zuvor gehabt hatte.« Warren schrieb später über diese Jahre: »Über drei Jahrzehnte lang lebte Jack unter der Fuchtel von Mrs. Moore. Sie war einer von den Menschen, die zu ihrem Gedeihen Krisen und Chaos brauchen. Jeden Tag mußte es irgendeine Szene geben, gewöhnlich etwas mit den Dienstmädchen, worauf Mrs. Moore die so entstandene seelische Last auf Jacks gutmütigen Schultern ablud.«

Viele Leute konnten es nicht verstehen, wie dieser brillante Mann so mit sich umspringen lassen konnte. Ein Stückchen Antwort finden wir vielleicht in einem Brief von Lewis an Owen Barfield aus dem Jahre 1947, als Mrs. Moore pflegebedürftig geworden war, was die Last noch vergrößerte. Barfield hatte offenbar Lewis' so geduldige Fürsorge für diese Frau als eine Art christliche Berufung bezeichnet. Lewis schrieb zurück: »Es geht hier nicht um Berufung oder nicht Berufung. Es ist doch offensichtlich, daß man eine alte halbgelähmte Frau nicht tage- oder auch nur stundenlang allein in ihrem Haus lassen kann. Jeder Mensch hat für die Seinen zu sorgen, das gehört sich einfach so.« William Luther White, Studentenpfarrer an der Illinois Wesleyan University (USA), meint in einer Studie über C. S. Lewis, daß dieser vielleicht an Mrs. Moore dachte, als er über die Notwendigkeit schrieb, »das, was wir für andere leiden, willig anzunehmen und an ihrer Statt Gott hinzulegen«. Was immer die Wahrheit sein mag, Lewis praktizierte seine ungeheure Großzügigkeit und Nächstenliebe im allgemeinen im verborgenen. Er sprach sehr wenig über seine persönlichen Angelegenheiten.

Seine Freunde und ihre Nöte lagen ihm stets am Herzen. Viele schrieben ihm über ihre Probleme und Sorgen, und er antwortete ihnen in ausführlichen, freundlichen Briefen. Viele der Schreiber waren Frauen, und sein geduldiges Ohr für sie ist angesichts seiner vielen Verpflichtungen an der Universität und seiner ohnehin schon großen privaten Korrespondenz bemerkenswert. Ein amerikanischer Briefschreiber wollte wissen, »was so ein Oxford-Dozent alles tut«, und Lewis antwortete:

»Wie eine Hausfrau wird er nie fertig. Den Großteil des Alltags nehmen seine ›Tutorien‹ in Beschlag, d. h. Studenten kommen, jeweils zu zweit, zu ihm und lesen ihm ihre Essays vor, worauf diese besprochen werden. Dann hält er natürlich Vorlesungen über sein Fachgebiet, trägt sein Teil zur Verwaltung des Colleges bei, muß die Vorlesungen vorbereiten und Bücher schreiben, und in seiner Freizeit darf er Schlange stehen.«

Der letzte Satz bezieht sich auf die Rationierungen in den 40er Jahren. Essen, Kleidung, Haushaltwaren – alles war rationiert, und wenn neue Waren kamen, stand man stundenlang an, um das zu kaufen, was man zum Leben brauchte.

Doch obwohl sein Leben so ausgefüllt war (seine Hausarbeiten in The Kilns hatte er gar nicht erwähnt), fand er die Zeit, Menschen, die Fragen über den christlichen Glauben hatten, geduldig und eingehend zu antworten. In einem

Brief an eine Dame beantwortet er ausführlich und einfühlsam nicht weniger als zehn Fragen. Hier eine seiner Antworten:

»Christus selber, und nicht die Bibel, ist das wahre Wort Gottes. Die Bibel führt uns, wenn wir sie im rechten Geist und unter der Leitung guter Lehrer lesen, zu ihm hin. ... Wir dürfen die Bibel nicht, wie unsere Väter es leider nur zu oft taten, als eine Art Nachschlagewerk mißbrauchen, aus dem wir nach Belieben Texte ohne Rücksicht auf ihren Kontext und auf die Absicht des Buches, in welchem sie stehen, herausnehmen und als Waffen benutzen.«

Oder auch dieser Satz: »Wenn ich gelernt habe, Gott mehr zu lieben als die mir liebsten Menschen, dann werde ich die mir liebsten Menschen mehr lieben, als ich sie jetzt liebe.« Alles, was er schrieb, war voller Bedeutung und Tiefgang und brachte einen zum Nachdenken und Lernen.

In einem anderen Brief an eine Frau schrieb er: »Ich freue mich, daß Sie entdeckt haben, daß der christliche Glaube so hart ist wie ein Fingernagel, d. h. gleichzeitig hart und zart. Auf diese Mischung kommt es an; keine der beiden Eigenschaften würde für sich allein taugen ohne die andere.«

Endlich gingen die Kriegsjahre zu Ende. Zum zweiten Mal endete ein Alptraum, versuchten die Menschen in den Alltag zurückzufinden. Sie waren todmüde, und diesmal waren nicht nur Soldaten umgekommen, sondern auch viele Zivilisten. Das häusliche Leben wurde immer schwieriger für C. S. Lewis, bis im April 1950 Mrs. Moore, jetzt vollends pflegebedürftig und senil, in ein Altenheim kam, wo sie neun Monate später starb.

War es Ende der 40er Jahre, als das Leben zu Hause so schwierig war, oder bereits während des Krieges, daß Lewis auf die Idee kam, ein Buch für Kinder zu schreiben, das unterhaltsam und spannend war und ihnen gleichzeitig unterschwellig und ohne daß sie sich »angepredigt« fühlten, große geistliche Wahrheiten nahebringen und ihnen etwas unendlich Schönes vor die Augen malen würde? Möglicherweise begann alles damit, daß er eine Geschichte für sein Patenkind Lucy Barfield schreiben wollte. 1950 kam *The Lion, the Witch and the Wardrobe (Der König von Narnia)* heraus – wohl eines der schönsten und tiefsinnigsten Kinderbücher, die je geschrieben wurden. In einer Widmung an Lucy schreibt Lewis:

Meine liebe Lucy,
ich habe diese Geschichte für Dich geschrieben. Aber als ich anfing, dachte ich nicht daran, daß Mädchen ja schneller groß werden als Bücher; und so bist Du jetzt schon zu alt für Märchen, und wenn das Buch gedruckt und gebunden ist, wirst Du noch älter sein. Aber eines Tages wirst Du alt genug sein, um wieder Märchen zu lesen, und dann kannst Du dieses Buch vom obersten Regal herunterholen, abstauben und mir sagen, was Du davon hältst. Ich werde dann wahrscheinlich zu alt und schwerhörig sein, um auch nur ein Wort zu verstehen, aber ich werde immer noch
Dein Dich liebender Onkel sein,
C. S. Lewis

Es war die erste von insgesamt sieben Abenteuergeschichten, in denen mehrere Kinder auf geheimnisvolle Weise in das Königreich Narnia versetzt werden. Noch heute wird *The Lion, the Witch and the Wardrobe* in großen Auflagen gedruckt. Narnia ist ein Begriff geworden. Eine Bekannte von C. S. Lewis, die Dichterin Kathleen Raine aus Cambridge, schrieb über diese Bücher: »Ich habe viele Exemplare der Narnia-Geschichten an Kinder verschenkt, und sie nehmen Narnia mit einer Begeisterung auf, die zeigt, daß es einer inneren Welt entspricht, die wir alle haben. Ich liebe diese Geschichten selber, und so oft ich sie Kindern auch vorlese, nie verlieren sie ihren Reiz.«

Es war, als ob die schöpferische Phantasie, die der kleine Jack Lewis in die Tiergestalten in Tierland und Boxen investiert hatte, jetzt zu ihrer vollen Reife kam. Die sprechenden Tiere von Narnia sind nicht nur ungemein lebendig und voller Charakter und Humor, einige sind zudem von einer bezaubernden Schönheit.

Überall fanden die Bücher das gleiche Echo. Wo denkende Menschen zusammenkamen, besprachen, bewunderten, bestaunten sie *The Lion, the Witch and the Wardrobe*. Aber wer war der Löwe? Aslan, die große, herrliche Hauptfigur dieser Bücher, ist eine wahrhaft ehrfurchterregende Erscheinung. In *The Magician's Nephew (Das Wunder von Narnia)* erleben wir mit, wie er Narnia erschafft:

»Es war ein Löwe. Riesig, zottig und leuchtend stand er etwa dreihundert Meter von den Reisenden entfernt und blickte zur aufgehenden Sonne. Er sang mit weit offenem Maul. ... Während er singend umherschritt, begann im Tal das Gras zu grünen. Um den Löwen herum fing es an; dann breitete es sich ringsumher aus wie ein überquellender Teich ...

Dann zuckte ein Strahl herab, so grell wie Feuer, doch er verbrannte keinen. Entweder der Himmel oder der Löwe hatte ihn ausgesandt. Die Kinder erschauerten, als die tiefste, wildeste Stimme, die je vernommen wurde, verkündete: ›Narnia, Narnia, erwache! Lieben sollst du. Denken. Reden.‹«

Wir erfahren, daß Aslan nie zahm war. Ihm zu begegnen, war etwas Wunderbares und gleichzeitig Schreckliches, und hinterher war man nicht mehr derselbe. In *The Voyage of the Dawn Treader (Die Reise auf der Morgenröte)* begegnet Eustachius, ein ziemlich eingebildeter und gemeiner Junge, der in einen Drachen verwandelt worden ist, Aslan in dunkler Nacht. Später berichtet er Edmund, wie es ihm erging:

»Dann sagte der Löwe – aber ich weiß nicht, ob er tatsächlich redete –: ›Ich werde dich ausziehen müssen.‹ Ich hatte ziemliche Angst vor seinen Tatzen, das kann ich dir sagen, aber ich war inzwischen völlig verzweifelt. Deshalb legte ich mich einfach flach auf den Rücken und ließ ihn machen. Der erste Riß war so tief, daß ich dachte, er ginge bis ins Herz. Und als er begann, mir die Haut abzuziehen, da schmerzte es schlimmer als alles, was ich jemals gespürt habe. ... und da lag es auf dem Gras; nur war diese Haut sehr viel dicker und dunkler und warziger als die vorherigen. ... Dann packte er mich – das gefiel mir gar nicht, denn jetzt, wo ich keine Haut mehr anhatte, war ich sehr empfindlich – und warf mich ins Wasser. ... Nach einem Weilchen holte mich der Löwe heraus und zog mich an ...«

Und so kommt unter der greulichen Drachenhaut ein neuer, viel netterer Junge zum Vorschein, der eigentliche Eustachius, erschüttert und umgekrempelt – oder vielleicht nicht umgekrempelt, sondern wiederhergestellt. Sie merken es vielleicht schon: Aslan ist ein Symbol.

Ein weiterer Fingerzeig kommt in *The Silver Chair (Der silberne Sessel),* als Aslan zu Jill sagt: »Ihr hättet mich nicht gerufen, wenn *ich* euch nicht gerufen hätte.« Und unsere Ahnung verdichtet sich, wenn wir die Abenteuer des Jungen Shasta in *Der Ritt nach Narnia* lesen:

»Jetzt begann das Weiß, das ihn umgab, zu funkeln. Er mußte blinzeln. Irgendwo vor sich hörte er Vögel singen. Endlich war die Nacht vorüber. Jetzt sah er deutlich die Mähne, die Ohren und den Kopf seines Pferdes. Von links fiel ein gelber Schimmer darauf. Das mußte wohl die Sonne sein.

Shasta wandte sich um und sah, daß neben ihm ein Löwe daherschritt, der das Pferd überragte. Das Pferd schien jedoch keine Angst vor ihm zu haben, oder vielleicht sah es ihn auch gar nicht. Es war der Löwe, der das Licht ausstrahlte. So etwas Schreckliches und gleichzeitig Schönes hat keiner je gesehen.

Glücklicherweise hatte Shasta nie die Geschichten über den entsetzlichen narnianischen Dämon in der Gestalt eines Löwen gehört, die man sich in Tashbaan erzählte. Und natürlich kannte er auch keine von den wahren Geschichten über Aslan, den großen Löwen, Sohn des Herrschers jenseits des Meeres, König über alle Könige Narnias. Doch nach einem einzigen Blick auf das Gesicht des Löwen glitt Shasta aus dem Sattel und warf sich zu seinen Füßen nieder ...

Der König aller Könige beugte sich zu ihm herunter. Die Mähne umhüllte ihn und gab ihm ein Gefühl zeitloser Geborgenheit. Dann berührte ihn die Löwenzunge an der Stirn. Shasta hob das Gesicht und sah dem Löwen in die Augen. In diesem Augenblick trafen das fahle Licht des Nebels und das feurige Strahlen des Löwen in phantastischen Wogen aufeinander, vermengten sich und waren verschwunden. Shasta stand mit dem Pferd auf einem grasbewachsenen Hang. Über ihm wölbte sich der blaue Himmel, und die Vögel sangen.«

Ja, Aslan ist ein Bild, ein Symbol – für Jesus Christus, den großen, herrlich auferstandenen Christus, dem C. S. Lewis sein Leben, seinen Besitz und sein großes Talent gegeben hatte, damit Er es ganz für Sein Reich gebrauchen konnte. Es war ihm nicht leichtgefallen, sein altes Ich abzugeben – genausowenig, wie es für Eustachius leicht war, sich die häßliche Drachenhaut abreißen zu lassen. Aber er hatte das Leben gefunden dadurch und Sinn und Ziel für alles, was er tat, so daß er sagen konnte: »Über allen Welten wartet ein Gesicht, dessen bloßer Anblick unvergängliche Freude ist.«

Kapitel 14

Verheiratet

Die siebte und letzte der Narnia-Geschichten, *The Last Battle (Der letzte Kampf),* erschien 1956 und ist in mancher Hinsicht die schönste und erhabenste von allen. Inzwischen war der Name C. S. Lewis ein Begriff in der englischsprachigen Welt geworden. In Amerika waren seine Bücher Bestseller, und zahlreiche Amerikaner schrieben ihm oder besuchten ihn. Einige schickten ihm sogar in den Kriegs- und Nachkriegsjahren, als alles rationiert war, regelmäßig große Nahrungsmittelpakete.

Auch als Dozent war er jetzt berühmt. Seine Vorlesungen waren so überfüllt, daß manche Hörer nur noch einen Stehplatz bekamen. Für viele seiner Studenten war er ein Mensch, zu dem man aufblickte. Einer sagte einmal, daß Lewis »mehr Wissen im kleinen Finger hatte« als alle anderen, die er kannte. Ein amerikanischer Professor und Autor einer Studie über C. S. Lewis, Clyde Kilby vom Wheaton College, berichtet, wie ein Besucher der berühmten Socratic Society (Sokrates-Kreis) in Oxford, in der Fragen des christlichen Glaubens offen debattiert wurden, Lewis beschrieb. Er trug »eine alte, ramponierte Tweedjacke, abgetragene Cordhosen und ein fleißig gewaschenes gemustertes Hemd mit einer uralten Krawatte. Er hatte eine frische Gesichtsfarbe, die Gesundheit ausstrahlte, und einen nicht unbeträchtlichen Körperumfang und seine Augen funkelten heiter.« Wenn er zu reden begann, gingen die Erwartungen hoch. »Er begeisterte einen. ... Die Bilder und Beschreibun-

gen schossen nur so aus ihm heraus. Er sprach ohne Auf-
zeichnungen und in einem charmanten, singenden Tonfall.«

1954 war C. S. Lewis auf den neu eingerichteten Lehr-
stuhl für Englische Literatur des Mittelalters und der Renais-
sance an der Universität Cambridge berufen worden. Als er
seine Antrittsvorlesung hielt, gab der Rektor des Trinity College, der große Dr. G. M. Trevelyan, bekannt, daß dies seines Wissens das erste Mal gewesen war, daß die Entscheidung des Berufungskomitees einstimmig ausfiel.

Professor C. S. Lewis zog in das Magdalen College in
Cambridge um, obwohl er in den Ferien und an manchen
Wochenenden weiterhin in The Kilns wohnte. Es war ein
fruchtbarer Abschnitt in seinem Leben. Trotz all seiner neuen
Arbeit fand er weiter Zeit zum Schreiben, und 1956 erschien außer dem letzten Narnia-Buch auch der Roman *Till
We Have Faces (Du selbst bist die Antwort)*. Lewis selber hielt
Till We Have Faces für eines seiner wichtigsten Werke, und
manche Rezensenten fanden das ebenfalls, jedoch ist es im
Vergleich zu den meisten seiner anderen Bücher relativ unbekannt geblieben. 1955 erschien seine geistliche Autobiographie *Surprised by Joy (Überrascht von Freude)*, in der er über
seine Jugendjahre berichtet und wie er als Atheist zum Glauben fand. 1960 erschien *The Four Loves (Was man Liebe nennt)*,
eine Abhandlung über vier Grundarten der Liebe: Zuneigung, Freundschaft, Eros (Verliebtheit) und Agape (die in
1. Korinther 13 besungene christusähnliche Liebe). Es ist
wohl kein Zufall, daß *The Four Loves* in den Jahren in Cambridge entstand, denn zu dieser Zeit erfuhr C. S. Lewis Freude und Leid in nie gekanntem Ausmaß durch die Liebe.

1953 hatte ein amerikanisches Ehepaar, William Lindsay
Gresham und seine Frau Joy, Lewis besucht. Sie waren große
Bewunderer seiner schriftstellerischen Arbeit und standen
in Briefwechsel mit ihm. Zum Teil unter seinem Einfluß

wurden sie Christen. Mrs. Gresham (oder Joy Davidman, wie sie C. S. Lewis-Lesern bekannt ist) war selber eine Dichterin und Schriftstellerin. In seinem Vorwort zu ihrem Buch *Smoke on the Montain (Rauch über dem Berg)* berichtet Lewis, daß sie einmal sogar ein Löwenjunges aufgezogen hatte! Sie war eindeutig eine ebenso reizende wie ungewöhnliche Frau. In Amerika aufgewachsen und von Geburt jüdisch, war sie mit ihrem Mann kurze Zeit Mitglied in der Kommunistischen Partei gewesen. Die Greshams waren Menschen, die ihre Ideale leidenschaftlich hochhielten, und Joys Ehemann hatte im Spanischen Bürgerkrieg gekämpft. Leider wurde er später ein Alkoholiker und Neurotiker, und die Ehe zerbrach, als er seine Frau wegen einer anderen verließ. Joy zog daraufhin mit ihren beiden kleinen Söhnen nach England, und 1955 war sie, wie Warren später berichtete, »gut befreundet mit Jack. Was ihn an ihr anzog, war zunächst ohne Zweifel ihre intellektuelle Seite. Joy war die erste Frau, die er kennenlernte (obwohl er, wie seine Briefe zeigen, viele Frauen gekannt und geschätzt hatte), deren Geist dem seinen in seiner Beweglichkeit, in der Breite der Interessen, im analytischen Vermögen und vor allem im Sinn für Humor voll gewachsen war.«

Joy Davidman, wie sie jetzt hieß, und ihr Mann wurden schließlich geschieden, und Joy arbeitete als Sekretärin für C. S. Lewis in Cambridge. Seine riesige Korrespondenz, die unzähligen Artikel, die er für zahlreiche Zeitungen und Zeitschriften schrieb, seine eigene Arbeit und seine Vorlesungen als Professor sowie seine beachtliche literaturkritische Tätigkeit bedeuteten, daß er einen Helfer brauchte, der ungewöhnlich intelligent und verständnisvoll war, und hier hatte er einen gefunden, denn Joy Davidman, die durch das Trauma einer Scheidung gegangen und alleinerziehende Mutter zweier Söhne war, war eine zutiefst verständnisvolle und einfühlsame Person. Was dann kam, erfahren wir ein Stück weit aus Lewis' persönlichen Briefen. Nach wie vor kümmerte er sich persönlich um die Flut von Privatpost, die ihn erreichte, und wies niemand ab, der in Not war. So korrespondierte er regelmäßig mit einer Dame in Amerika, die er nie persönlich kennenlernte, aber die sich in einer Lebenskrise an ihn gewandt hatte und der er helfen konnte. Er beantwortete ihre Briefe auf das liebenswürdigste und schickte ihr schließlich sogar regelmäßig Geld. Die Briefe, die später als Buch veröffentlicht wurden, lassen uns tief in C. S. Lewis hineinschauen. 1956 nun las die sicherlich überraschte Frau in einem von Lewis' Briefen:

»Sie dürfen ruhig wissen (aber sagen Sie es niemand weiter, es ist noch nicht sicher), daß ich vielleicht schon bald kurz hintereinander Bräutigam und Witwer sein werde. Es könnte zu einer Trauung am Sterbebett kommen. Wie ich mich momentan fühle, kann ich kaum beschreiben. ... Sie werden also verstehen, daß meine Briefe jetzt nicht lang oder häufig sein können. Aber wir wollen stets füreinander beten.«

Was war geschehen? Joy Davidman, die Anfang vierzig war, hatte plötzlich Krebs bekommen. C. S. Lewis, der sie mittlerweile sehr mochte, sah deutlich, wie die ungewisse Zukunft ihrer Jungen sie bedrückte. Bestimmt erinnerte er sich daran, wie er selber seine Mutter an den Krebs verloren hatte. Und so beschloß er offenbar, mit der gleichen selbstvergessenen Hingabe, die er einst (wenn auch mit ganz anderen Gefühlen) Mrs. Moore gegenüber gezeigt hatte, Joy zur Seite zu stehen und die neue Last zweier Stiefsöhne auf sich zu nehmen. Wie er der Amerikanerin nach seiner Heirat schrieb: »Sie werden gut verstehen, daß diese Krankheit – dieses Leiden und der sichere Tod, der vor ihr lag, und die Angst um die Zukunft ihrer Kinder – nur ein zusätzlicher

Grund war, sie zu heiraten, oder ein Grund, nicht zu lange damit zu warten.«

Die Sache war zunächst als rein standesamtliche Vernunftehe gedacht – ein Akt der Barmherzigkeit in einer Ausnahmesituation –, und sie kam erst nach eingehender Gewissensprüfung zustande und nachdem die Anglikanische Kirche grünes Licht gegeben hatte, denn Joys geschiedener erster Mann lebte ja noch. Lewis' Hauptmotiv war eindeutig, daß die Söhne der Todkranken einen Vater brauchten. Doch bald zeigte sich, daß ein tiefes Band der Liebe Joy und Lewis verband. »Wenn wir uns nicht ineinander verliebt hätten«, schrieb er später, »wären wir trotzdem immer zusammengewesen und es hätte einen Skandal gegeben.« Ein befreundeter Geistlicher spendete ihnen an Joys Krankenbett im Wingfield Hospital in Oxford die kirchliche Trauung. Joy war eine todgeweihte Frau, und beide wußten das sehr gut.

Die veröffentlichten Briefe ergänzen dieses tragische Bild. Doch für kurze Zeit sollte der Schmerz der Freude weichen. Nachdem ein befreundeter Pastor Joy die Hände aufgelegt und für sie gebetet hatte, verbesserte sich ihr Zustand dramatisch. Lewis schrieb an Schwester Penelope in Wantage:

»Wenn ich sie an den Wochenenden sehe, ist sie für das Auge des Laien (wenn auch nicht für das des Arztes) voll auf dem Wege der Besserung; jede Woche geht es ihr besser. ... Sie weiß natürlich um ihren Zustand; ich lasse es nicht zu, daß man einem erwachsenen Christen etwas vormacht. Wie Sie sich vorstellen können, sind ein neuer Glanz und ein neuer Schmerz in mein Leben gekommen. Sie wären überrascht (oder vielleicht auch nicht?), wenn Sie sehen könnten, wie sonderbar glücklich, ja fast schon ausgelassen wir beide sind ...«

Im August 1957 hatte Joy sich so weit erholt, daß Lewis von »einer wunderbaren Gnadenfrist« sprach. Im November konnte sie wieder laufen, und die Krebsgeschwülste im Knochen breiteten sich nicht mehr aus, sondern waren am Verschwinden. (Im April hatte man sie zum Sterben nach Hause geschickt und ihr noch ein paar Wochen gegeben.)

Ebenfalls im November schrieb Lewis der Amerikanerin, daß es Joy wunderbar ging. Es gab wohl einen Schatten im Glück des Paares, aber er nahm ihn wie immer auf die leichte Schulter: »Meine eigene Knochenkrankheit (Osteoporose) wird mich wohl nie mehr verlassen, aber wenigstens habe ich gerade keine Schmerzen. Richtige Wanderungen werde ich nie mehr machen können – ade, ihr Wiesenpfade und Wäldchen und schnuckeligen kleinen Dorfschenken ...«

Etwa um diese Zeit führte Lewis seine Frau zu einem Essen mit seinem alten Studentenfreund Professor Neville Coghill aus. Coghill erinnerte sich später, wie Lewis ihm, als er über den Innenhof des Colleges zu seiner Frau hinschaute, sagte: »Ich hätte nie gedacht, daß ich als Sechzigjähriger noch das Glück erfahren würde, das mir in meinen zwanziger Jahren versagt blieb.« Er erzählte seinem Freund auch die folgende höchst ungewöhnliche Geschichte:

Sein Freund Charles William, der Schriftsteller, hatte mit ihm einmal über seinen Glauben gesprochen, daß es dem Menschen möglich sei, durch die Liebe Christi die Schmerzen eines anderen Menschen in seinen eigenen Körper aufzunehmen. Und genau dies, so Lewis, sei ihm selber passiert; Gott habe ihm erlaubt, seiner Frau ihre Schmerzen abzunehmen. Professor Coghill:

»Ich fragte ihn: ›Meinst du damit, daß sie die Schmerzen los wurde und daß du sie dafür in deinem Körper spürtest?‹

– ›Ja‹, erwiderte er, ›in meinen Beinen. Es war furchtbar, aber es linderte ihren Schmerz.‹«

Drei Jahre lang hatte Lewis jetzt ein Leben »der völligen Erfüllung«, wie sein Bruder schrieb. »Den Freunden, die die beiden zusammen erlebten, war klar, daß dies nicht nur ein Paar, sondern ein Liebespaar war. Es war ein Genuß, ihnen zuzusehen ...«

1959 konnten Jack und Joy Lewis einen Irlandurlaub machen, aber im Oktober mußte er seiner amerikanischen Brieffreundin mitteilen, daß der Krebs in Joys Knochen zurückkehre. Kurz vor Weihnachten meldete er sich wieder: »Trotz der furchtbaren Nachricht, von der ich Ihnen geschrieben habe, humpeln wir munter weiter.«

Im folgenden Frühjahr erwähnte er in seinen Briefen Joys Herzenswunsch, einmal nach Griechenland zu fahren. Wie wäre es schön, wenn sie beide auf der Akropolis stehen könnten ... Die Reise, so Lewis, schien der reine Wahnsinn zu sein, aber »sie hat ihr Herz daran gehängt, und gibt man nicht dem Todeskandidaten zur Henkersmahlzeit sein Lieblingsgericht?«

Die Reise wurde Wirklichkeit; im April 1960 schreibt Lewis: »Wir sind tatsächlich in Griechenland gewesen, und es war ein voller Erfolg. Joy vollbrachte wahre Wunder; sie bestieg die Akropolis und schaffte es in Mykene bis zum Löwentor. ... Sie war ganz weg. Aber beten Sie für uns; der Himmel überzieht sich schwarz.«

Im Juni wurde Joy zusehends schwächer, aber am Dienstag, dem 12., fühlte sie sich besser: Sie war recht aufgeräumt, löste das Kreuzworträtsel und spielte Scrabble. Doch am nächsten Morgen wachte sie vor Schmerzen schreiend auf und mußte starke Schmerzmittel bekommen. Um die Mittagszeit kam sie ins Krankenhaus, wo sie noch am gleichen Abend in den Armen ihres Mannes starb.

Obwohl Joys Tod nicht unerwartet kam, war er ein furchtbarer Schlag. Ein so kurzes, so tiefes, so ergreifendes Glück – vorbei. C. S. Lewis hat uns die ganze Tiefe seiner Trauer in Notizen hinterlassen, die später unter dem Titel *A Grief Observed (Über die Trauer)* als Buch herauskamen. Es ist ein erschütterndes, aufwühlendes, aber am Ende triumphierendes Buch. Wer es liest, kommt sich fast vor wie jemand, der verbotenerweise ein privates Zimmer betritt:

»Es ist unglaublich, wieviel Glück, ja Fröhlichkeit wir manchmal zusammen genossen, als alle Hoffnung schon fort war. Wie lange, wie ruhig, wie erfrischend wir miteinander sprachen an jenem letzten Abend! ...

Ich habe kein brauchbares Foto von ihr, kann mir noch nicht einmal ihr Gesicht deutlich in meine Erinnerung zurückrufen. ... Aber ihre Stimme ist noch so lebendig – diese ihre liebe Stimme, die mich im Handumdrehen zu einem weinenden Kind machen kann ...

Weißt Du überhaupt, Liebste, wieviel Du mitgenommen hast, als Du mich verließest? Selbst meine Vergangenheit hast Du mitgenommen, selbst das, was wir nie gemeinsam hatten. ...

›Sie ist in Gottes Hand‹ – dieser Satz gewinnt eine neue Kraft, wenn ich sie mir als ein Schwert vorstelle. Vielleicht war das Stückchen Erdenleben, das ich an ihrer Seite hatte, nur eine Episode in Gottes Schmiedeprozeß. Vielleicht packt er jetzt gerade den Knauf der neuen Waffe, wägt sie in seiner Hand, läßt die Schneide durch die Luft blitzen: ›Eine echte Jerusalemer Klinge.‹«

Schon zur Zeit seiner Eheschließung war Lewis nicht bei bester Gesundheit gewesen. Gut ein Jahr nach Joys Tod wurde klar, daß er operiert werden mußte, aber er war zu schwach dazu und kam ins Krankenhaus. Im Oktober 1961 schrieb Warren Lewis der amerikanischen Brieffreundin, daß es seinem Bruder ganz allmählich besser ging, er jedoch zu rasch ermüdete, um selber Briefe zu schreiben. Er hatte mehrere Bluttransfusionen hinter sich. Im April 1962 schrieb Lewis der Dame wieder selber und eröffnete ihr, daß die Ärzte den Gedanken an eine Operation aufgegeben hatten und daß er mit seinem Leiden würde leben müssen. Er schien es mit Fassung zu tragen. Aber seine Gesundheit verschlechterte sich langsam, und im folgenden Jahr wurde er so krank, daß er fast gestorben wäre. Im September 1963 schrieb er an Schwester Penelope:

»Ich bin ganz unerwartet aus einem langen Koma aufgewacht. Vielleicht lag das an den fast pausenlosen Gebeten meiner Freunde. Aber es wäre ein so wunderbar leichter Abgang gewesen, und fast bedauert man es, daß einem die Tür so vor der Nase zugeschlagen worden ist. ... War nun Stephanus der erste Märtyrer oder nicht vielmehr Lazarus? Wieder zurück ins Leben gebracht zu werden und wieder von vorne mit dem Sterben anfangen zu müssen – es war schon hart.«

Es war sein letzter Brief an sie. Kurz danach legte er »mit Bedauern, aber mit Liebe zu diesem College« seine akademischen Ämter in Cambridge nieder.

Zu Hause erholte er sich sehr langsam, und auch das nur vorübergehend. Im Oktober war seinem Bruder klar, daß der Tod nahe war. Warren Lewis hat diese letzten Tage als eine Zeit beschrieben, wo sie, wie einst in ihrer Kindheit, gegenseitig Trost beieinander suchten. Damals war ihre Mutter von ihnen gegangen, jetzt Joy. In gewissem Sinne waren sie wieder die beiden irischen Jungen in ihrem kleinen Zimmer zu Hause in den Ferien, die sich standhaft weigerten, daran zu denken, daß ein neues Schuljahr voller Ungewißheit vor ihnen lag. C. S. Lewis war ruhig und tapfer. »Ich habe alles getan, was ich tun wollte, ich bin bereit«, sagte er eines Abends. Die beiden Brüder tauschten liebe alte Erinnerungen aus, und dann und wann blitzte sein alter Humor noch einmal auf.

Am Freitag, dem 22. November 1963, nahm Lewis nach einem ruhigen Tag, an dem er seine Post durchgegangen war, das Kreuzworträtsel gelöst und viel geschlafen hatte, seinen Nachmittagstee ein. Plötzlich hörte Warren einen lauten Schlag. Als er ins Zimmer eilte, lag sein Bruder bewußtlos auf dem Fußboden. Ein paar Minuten später war er tot, genau eine Woche vor seinem 64. Geburtstag. Der Mann, dessen furchtloser, visionärer Glaube Tausenden von Männern, Frauen und Kindern in aller Welt ein Licht in der Dunkelheit gewesen war, hatte diese Welt verlassen. Kaum einen Monat zuvor hatte er einem kleinen Mädchen in einem Brief geschrieben:

»Wenn Du nur Jesus weiter liebhast, kann Dir nicht viel Schlimmes passieren, und ich hoffe, Du wirst ihn immer lieben.«

Solange seine Bücher gelesen werden, wird er weiter zu uns reden. Die letzten Worte in dem letzten Narnia-Band könnten Worte über ihn selber sein, ja vielleicht sind sie sein Vermächtnis an uns:

»Aber was sich danach ereignete, war so groß und schön, daß man es nicht beschreiben kann. ... Für sie in Narnia aber war es nur der Anfang der wahren Geschichte. Ihr ganzes Leben in dieser irdischen Welt und alle ihre Abenteuer in Narnia waren nur der Umschlag und das Titelblatt gewesen. Nun erst begannen sie das erste Kapitel der großen Geschichte, die noch keiner auf Erden gelesen hat, der Geschichte, die ewig weitergeht und in der jedes Kapitel besser ist als das vorangegangene.«

C. S. Lewis für Einsteiger
(Lektüre-Empfehlungen)

Die sieben Narnia-Bücher
Das Wunder von Narnia
Der König von Narnia
Prinz Kaspian von Narnia
Die Reise auf der Morgenröte
Der silberne Sessel
Der Ritt nach Narnia
Der letzte Kampf

Die Perelandra-Trilogie
Jenseits des schweigenden Sterns
Perelandra
Die böse Macht

Andere Romane
Dienstanweisung an einen Unterteufel
Du selbst bist die Antwort

Theologie und Autobiographisches
Pardon, ich bin Christ
Über den Schmerz
Überrascht von Freude

Bibliographie

Hauptquelle dieses Buches sind Bücher und Briefe von C. S. Lewis selber. Wer ihn besser kennenlernen möchte, sei auf sie verwiesen. Darüber hinaus waren mir die folgenden Werke und Quellen eine große Hilfe:

Schwester Penelope, C. S.M.V., der ich sehr zu Dank verpflichtet bin.

Davidman, Joy, *Smoke on the Mountain* (Hodder & Stoughton); deutsch: *Rauch über dem Berg.* Eine Auslegung der 10 Gebote (Metzingen, Franz-Verlag, 1971)

Everest, Joanna, *My Year in Hell,* Beilage zu Guideposts Magazine über ›Violence‹

Gibb, Jocelyn (ed.), *Light on C. S. Lewis* (Geoffrey Bles)

Kilby, Clyde S., *The Christian World of C. S. Lewis* (Marcham Manor Press)

Kilby, Clyde S. (ed.), *A Mind Awake* (C. S. Lewis-Anthologie, Verlag Geoffrey Bles)

Lewis, W.H. (ed.), *Letters of C. S. Lewis* (mit Kurzbiographie, Verlag Geoffrey Bles)

White, William Luther, *The Image of Man in C. S. Lewis* (Hodder & Stoughton)

Es war ein Erlebnis, über viele Monate hinweg mit dem Werk von C. S. Lewis leben zu können. Sein lebendiger Geist leuchtet einem von jeder Seite entgegen. Ich kann nur sagen, daß er für mich »in seinem Tod noch spricht«.

· DIE CHRONIKEN VON NARNIA ·

Das Wunder von Narnia
ISBN 3-87067-463-6

Der König von Narnia
ISBN 3-87067-479-2

Der Ritt nach Narnia
ISBN 3-87067-502-0

Prinz Kaspian von Narnia
ISBN 3-87067-512-8

Die Reise auf der Morgenröte
ISBN 3-87067-538-1

Der silberne Sessel
ISBN 3-87067-552-7

Der letzte Kampf
ISBN 3-87067-581-0

Sämtliche Bände illustriert von Thomas Georg.
Pappband mit Schutzumschlag.

Brendow///
Buch · Kunst · Verlag

DIENSTANWEISUNG FÜR EINEN UNTERTEUFEL

C.S. LEWIS
**Dienstanweisung
für einen Unterteufel**

Gebunden mit Schutz-
umschlag
160 Seiten, Illustrationen
ISBN 3-87067-600-0

Unterteufel Wormwood hat den Auftrag, Mister Spike, einen
jungen englischen Gentleman, auf die schiefe Bahn zu bringen.
In 31 Briefen gibt sein Onkel Screwtape seinem unerfahrenen
Neffen hilfreiche Dienstanweisungen, wie man die Seele des
Patienten durch die Ausnutzung menschlicher Schwächen zur
Beute der Hölle machen kann ...

Der Klassiker und Bestseller von C.S. Lewis in neuer
Übersetzung und mit spitzer Feder illustriert.

Brendow
Buch · Kunst · Verlag